Mt

CW01678182

ELIO Â CHANRIF

FFARWELIO
Â
CHANRIF

Alan Llwyd

Cyhoeddiadau Barddas
2000

ⓗ Alan Llwyd
Argraffiad Cyntaf: 2000

ISBN 1 900437 39 2

Y mae Cyhoeddiadau Barddas yn gweithio gyda chefnogaeth ariannol Cyngor Celfyddydau Cymru, a chyhoeddwyd y gyfrol hon gyda chymorth y Cyngor.

Cyhoeddwyd gan Gyhoeddiadau Barddas
Argraffwyd yng Nghymru gan Wasg Dinefwr, Llandybïe

Cynnwys

Cerddi 1996-2000

Goroesiad Cenedl

Ffarwelio â Chanrif

CERDDI

1996-2000

Y Llyn

(Er Cof am Geraint Morris, ac ar gais Hywel Gwynfryn)

Drwy gydol Mai oedai'r un
a deifl bob un ohonom
i ganol llyn marwolaeth
cyn taflu'r garreg egwan
i'r llyn gerllaw:
safai ger y rhimyn o lyn lle bydd pawb yn diflannu
fel carreg i afael y cerrynt.

Oedodd drwy gydol Mehefin hefyd
ar fin y llyn terfynol,
ac ar ei gledr yr oedd y garreg lefn
y chwaraeai â hi ers dechrau'r haf.

Safai, ac edrychai draw
o geulan y dŵr, ac i'w law nid oedd
Geraint ond carreg arall.

Hwn a gydiai yn y garreg, ac wedyn,
ei bwrw hi â nerth braich
i ganol llyn marwolaeth
ym mis Gorffennaf, ac ar igam-ogam sgryffiniodd
wyneb y dŵr llechwraidd,
nes i garreg einioes Geraint
suddo, gan gilio o'r golwg.

Safem ar fin y llyn gan fud-rythu'n drist
i ganol y dŵr digynnwrf,
ond nid oedd yn y dyfroedd un dim
o ôl y garreg fregus.

Hwn, Geraint, yr un a garem,
yn ddim oll yn y llonydd mawr;
yr un a'n hanwylai, yr un a gyffyrddai â phawb
ohonom yn wahanol
yn ddim ond carreg dan ddŵr.

Geraint y cyfeillgarwch
mor glaear ddigyfeillgar, fud.

Y Geraint a rannai'n trueni,
ein chwerthin a'n trybini,
yr un parod i rannu ein her a'n pryderon ni,
yn ddim oll yn y llonydd mawr.

A Geraint, yr enaid gwrol
a gadwai ynghudd ei gystudd â dewrder gwên
er y gwyddai na châi iachâd,
heb adael un graith ar wyneb diffaith y dŵr.

Ac yna o ganol
y llyn a'i traflyncodd, cododd un cylch
o gwr diflaniad y garreg,
ac wedyn, gan ddilyn yr un cylch o ddŵr,
chwyddai mwy o gylchoedd mân
y garreg nes iddynt gyrraedd
y lan lle safai'r rhai a gafodd erioed
y fraint o adnabod Geraint, a'i garu.
Yr oedd ton ar don yn lledaenu
o ganol y llyn, gan ymestyn atom o hyd,
y rhai a'i hanwylai, a chyffyrddai eto â phawb
ohonom yn wahanol.

Er Cof am Dylan Morris

(Bu farw ar Hydref 29, 1996,
newydd gael ei ben-blwydd yn ddeugain oed)

Ar ei ben-blwydd bob blwyddyn carai weld
Y dail crin yn disgyn
Ar fyd; un hydref, wedyn,
Deilen oedd Dylan ei hun.

Galar Rhieni

(Ar ôl baban a fu farw ychydig oriau ar ôl ei eni)

Ei ddod a'n gwnaeth yn ddedwydd; rhieni'n
Rhannu'r un llawenydd,
Ond aeth, nes inni'r un dydd
Rannu galar ein gilydd.

Er Cof am Eirian Davies

(a cholledigion diweddar eraill)

Fe ddaeth drychiolaeth drachefn i wagio'r
Gegin a chreu anhrefn
Drwy fynd adref â'n dodrefn,
Celfi prin y gegin gefn.

Gwasgaru Llwch

(Gwasgarwyd llwch Eirian Davies ar ddyfroedd Afon Tywi,
lle boddwyd ei frawd)

Hi unwaith a'n gwahanodd; ei dyfroedd
Rhwng deufrawd a lifodd:
Dwyn eu byd, yna, o'i bodd,
Hi 'leni a'n hailunodd.

Er Cof am R. Tudur Jones

Yn y Glyn gwangalonni a wnaethost,
A hithau yn nosi,
Ond daeth Rhys i'th dywys di
O'r Glyn i Fro'r Goleuni.

Er Cof am Donald Martin

(Rheolwr Gwasg Dinefwr, Llandybïe)

Fe lesteiriwyd, fel stori ar hanner
Ei rhoi'n y proflenni,
Dy einioes; ni roist inni
Ddau glawr i'w diweddglo hi.

Mathonwy Hughes

(1901-1999)

Yn gyfoed erioed, yr un fu'u hoedran,
Ond ni fedrai dderbyn,
Â'i werthoedd oesoedd yn hŷn,
Werthoedd ei ganrif wrthun.

Er Cof am Anne Rees

(Mam y Parchedig D. Ben Rees,
a fu farw yn gant oed ar Hydref 14, 1999)

Ni fynnai Duw fynd â hi am adref
Cyn y medrai brofi
I'w ras, drwy'i ffydd, oroesi
Annwfn oer ein canrif ni.

Difa'r Dail

Bob Hydref mae hi'n ddefod:
casglwn y crinddail brau yn bentyrrau twt
i ryw gilcyn o'r ardd, cyn i'r goelcerth
ddifa eu gwywdra i gyd;
hel oriau'r hafau ynghyd
i'w cynnau cyn y gaeaf.

Er bod y bore bach
yn wyntog, fe'u casglwn yn bentwr
cryno, a rhown y dail crin
ar dân i gyd, fel y bydd i'w hysbrydion godi,
yn rhith mwg y goelcerth, ymhell
uwchlaw i'r awyr;
gwyliwn y tân yn rhyddhau eu heneidiau yn ôl
i darddle'u byd o wyrddlas
nes mygu'n ddim, cans mae gan ddail
y coed, hyd yn oed, eneidiau.

Wedi defod y difa,
ac ar ôl i angerdd y gwres
losgi'r dail a wasgarwyd oll
o gwr i gwr gan y gwynt,
nid oes dim ond marwydos y domen
yn aros; ein holl oriau
treuliedig yn bentwr o ludw;
llwch du ein holl echdoe ni.

Fel hyn o hyd fe lanhawn,
yn nhân yr hen wanwynau,
ein dyddiau o angau'r dail;
fel hyn, wrth i'r tân gyflawni
puredigaeth llygredigaeth y dail,
y glanhawn hen gelain o haf,
ac y clywn gân yfory amgenach yng nghlindarddach y dail.

Ond pan fydd y gwanwyn eto yn deffro i'r dydd,
a'r dail yn blaguro eto ar ôl marw'n grin,
bydd hydrefau a hafau a fu,
gaeafau a gwanwynau ein heinioes,
yn dychwelyd o hyd yn rhith dail;
ac fel ysbrydion, bydd atgofion am y dyddiau gynt
yn dod yn ôl, i'w dadeni eilwaith
yn rhith y dail a ddifawyd gan y goelcerth dân.

Blodau Pabi ym Medi

Mewn cae o ŷd y tyfant
   fel lladdfa ar bob llaw,
a gwaed yr haul a yfant
   gan besgi yn eu baw:
ochneidiau coch yn ŷd y cae,
ac wyneb rhyfel gan bob prae.

Helmedau dan haul Medi
   â bidog dan bob un,
neu ffrwydrad coch bwledi
   yng nghanol wyneb dyn.
Y mae eu sgrech ymysg yr ŷd
yn glwyf o waedd, yn hyglyw fud.

Trwy'r ŷd maent fel catrodau,
   fel cyrff di-rif dan draed,
ac mae pob un o'r blodau
   yn goch fel cusan gwaed:
cusan angheuol cesair trwm
bwledi fflamgoch, dur a phlwm.

Coffáu y maent yn ffiaidd
   brydferth yr aberth rad,
ac yn eu tlysni ciaidd
   mae bryntni coch pob cad,
a milwyr, milwyr, rif y sêr,
yn gwisgo angau'r blodau blêr.

A phan ddaw'r llafnau hirion
    i fedi'r foddfa ŷd,
fel lladd cenhedlaeth wirion
    yn Fflandrys yn un fflyd,
medir y rhain yn ddiymdroi
gan gyllyll nad oes mo'u hosgoi.

I'r rhain bydd atgyfodiad,
    ond bu i'r gad a'r gwn
fedi'n ddi-ailddyfodiad
    flodau'r un rhyfel hwn:
i'r drin yr aeth cenhedlaeth ffôl;
ni ddaeth cenhedlaeth yn ei hôl.

Du

(Seiliedig, yn fras iawn, ar un o gerddi Thomas Hardy)

'Wisgi di wyn i mi, fy anwylyd,
  gwyn fel lliw cerddin Mehefin a Mai?
A wisgi liw glân y gelynnen dan eira,
  neu wynder yr ewyn ar lanw neu drai?
'Na, na, ni wisgaf un gŵn sydd mor gannaid
  â llwydrew ar lawr neu'r lleuad ar lyn;
gwyn sydd i briodas, priodas, priodas:
  na, na, f'anwylaf, ni wisgaf fi wyn.'

'Wisgi di goch i mi, fy anwylyd,
  a wisgi di dlysni'r hydrefddail hyd lawr?
A wisgi di wrid y rhosyn afradus?
  A wisgi di gochni pob machlud a gwawr?
'Na, na, ni wisgaf liw rhodres yr hydref
  na gŵn o ysgarlad i lawr at fy nhraed;
coch sydd i filwyr, milwyr, milwyr,
  a ffôl fyddai meiddio gwisgo lliw gwaed.'

'Wisgi di wyrdd i mi, fy anwylyd,
  gwyrdd fel y môr yn ei lanw a'i drai;
gwyrdd fel y dail yn sŵn deulais y gwcw,
  gwyrdd fel y gweunydd a'r meysydd ym Mai?
''Wiw imi wisgo lliw sydd mor llawen
  i enaid a chalon â'r meillion fil-myrdd;
gwyrdd sydd i gyffro, cyffro, cyffro:
  na, na, f'anwylaf, ni wisgaf fi wyrdd.'

’Wisgi di ddu i mi, fy anwylyd,
    a wisgi di ddu i dywyllu dy wedd?
A wisgi di wyll y gigfran amdanat,
    a thrymder ei phlu mor bygddu â’r bedd?
‘Glas ydyw’r gog ond du ydyw’r gigfran,
    heb arlliw o eira na fflam yn ei phlu;
du sydd i alar, galar, galar,
    a gwnaf, mi wisgaf amdanaf y du.’

Rhosyn yn Awst

Ymagor yn ei freuder
　ym mhoethder Awst y mae:
nid oes un mefl i'w harddwch,
　nid oes i'w degwch staen;
agor yn wawr synhwyrus
　a'i lendid oll o'n blaen.

Cochni fel caeau echnos
　dan fachlud hwyrnos haf,
a lliw fel gwaedliw'r lleuad
　yn sglein yr hafnos glaf
a fedd yn Awst, yn ystod
　byrhoedledd dyddiau braf.

Â'i harddwch ni chyffyrddwn
　rhag ofn i'n bysedd crin
faeddu ei holl ryfeddod,
　rhag ofn, yn nhrymdra'r hin,
i lygaid ei halogi,
　i drem andwyo'i rin.

Anhygyrch yw ei degwch,
　harddwch anghyrraedd yw:
os awn, gan geisio ennyd
　lân uwch baweidd-dra'n byw,
yn agos at y rhosyn,
　eisoes mae'n rhosyn gwyw.

Er ffrwydro drwy'r synhwyrau,
    yr ias nid yw'n parhau;
â'r rhosyn, wedi'r cyffro,
    yn gwywo a llesgáu,
try mwynder Awst yn dristwch
    uwch ei brydferthwch brau.

Yng nghanol llwydni bywyd
    mae ambell ennyd awr
o weld, o glai'n marwoldeb,
    degwch uwch llwch y llawr,
fel gweld rhyfeddod blodyn
    y rhosyn gyda'r wawr.

Rhydwen

Daeth Awst â'i law'n un gawod,
cawodydd beunydd, nes bod
y dolydd yn un dilyw;
glaw yn corddi'r gerddi gwyw.
Dilyw Awst, glaw dilestair
fel na chlywid odid air
â'r glaw ar glust yn ffustio,
darnio'r tir a dyrnu'r to.
Glaw undonog lond enaid
a sŵn y bwrw'n ddi-baid;
glaw ar daen yn gwelwi'r dydd
a'r gawod yn dragywydd.

Awst oedd y mis dedwyddaf,
ni bu erioed fis mor braf:
hwn ydoedd haf ein hafiaith,
hwn oedd Awst llawenydd iaith,
Awst â'r Ŵyl yn costrelu
gwin pob haf araf a fu,
a glaw a haul yn gloywi
cynaeafau'i hafau hi.
Yn y glaw diogel oedd
gwin yr haf drwy ganrifoedd
ein parhad, a phob Rhydwen
yn llenwi llestri ein llên,
ond er i Awst ddod â'r Ŵyl
'roedd un osgordd annisgwyl
ym mro Rhydwen eleni;
â'r Ŵyl yn arwyl i ni,
ni bu erioed fis mor brudd
nac Awst mor llawn o gystudd.

Yn nechrau Awst nychu'r oedd;
trwy'r glaw mud, rhy glwm ydoedd
i ffonio ers Gorffennaf,
rhy wael i siarad drwy'r haf;
minnau, pam nad amheuwn
fod yr haf dieiriau hwn
yn dod rhyngom ni ein dau,
ac Awst yn chwarae'i gastiau?

Heb Rydwen drwy Orffennaf,
heb ymgom rhyngom drwy'r haf,
sut, mewn aflwydd, na wyddwn,
yn y glaw digilio hwn,
mai llesgáu hyd angau'r oedd,
mai Rhydwen marw ydoedd?

Darfu a'r glaw diderfyn
yn boddi'i haf olaf un;
darfod ac Awst â'i oerfel
yn fferru'i iaith yn ffarwél
di-iaith yr haf dieithr hwn;
yn ddi-iaith, mynd ar ddwthwn
hydrefu'r haf. Darfu rhin
geiriau cyn i'r gwynt gerwin
chwalu'r dail yng nghochliw'r dydd,
gyrru dail o gwr dolydd
hyd eitha'u rhawd. Aeth yr haf
â Rhydwen, er na chredaf
mai Rhydwen marw ydyw
un mor fythol, fythol fyw.

Cyfaill i mi, cwmnïwr
i eraill yn gyfaill, gŵr
heb un gelyn; fe'n galwai,
bawb, ymhob cwr; sgwrs a gâi
hyd y wlad; huawdl ydoedd
ei Gymraeg; ymgomiwr oedd

â'n holl wlad; wrth drin ein llên,
Cymru ydoedd cwm Rhydwen.
Dweud yr oedd fel môr di-drai,
y Rhydwen a siaradai
ddydd yn nos; mor ddiddan oedd;
trafodwr trwy'i fyw ydoedd,
genau yn dadlau, ond aeth
yn rhy fud i drafodaeth.
Haf a gaeaf bu'n trafod
hyd un haf. Rhyfeddaf fod
yr un nad oedd arno daw
yn Awst mor fythol ddistaw.

Gwreiddiol oedd ei gerdd a'i lên;
nid o'r haid y dôi Rhydwen;
Rhydwen ni ddynwaredai
drydar yr holl adar llai.
Erioed, unigryw ydoedd,
un â chân amgenach oedd,
a'r awen bêr yn ei big
er ei adain friwedig.
Yr oedd, a'i gadair iddo
yn frig, a'i gartref yn fro,
yn canu'r haf o afael
adar y coed, ond er cael
y gân-ar-wahân yn rhodd
eneiniedig, newidiodd
Awst Rydwen yn ystrydeb;
troi'r Rhydwen amgen yn neb,
ac oeri'r hen feiddgarwch,
enaid llosg yn ddim ond llwch
di-nod, nad Rhydwen ydyw;
Rhydwen oedd; cyffredin yw:
fel pob un, troi'n gist ddistaw,
fel pob un, terfynu'n faw.

Mor fud yw'r llais a'm hudai,
llais fel môr yn treiglo'r trai
yn ei lwnc, neu awel haf;
yr oedd y llais pereiddiaf
fel awel dro'n rhuglo'r haidd
yn dyner. Llais sidanaidd
Rhydwen oedd fel sibrwd nant,
lleferydd fel llifeiriant
araf, araf hen afon;
fel sisial-dincial y don;
llais fel ffrwd yn siffrwd sêr
yn glywadwy'n ei gloywder;
ond mae afon barddoniaeth
mor llonydd, dragywydd gaeth
drwy i'r rhew yn nhrymder haf
fferru dŵr y ffrwd araf,
a than baen yr un haen wen
rhewedig yw llais Rhydwen.

Awst oedd mis y diwedd mud;
ystafell yw Awst hefyd
heb ynddi neb. Ni ddaw'n ôl
â'r haf hwn mor derfynol.
Oes gyfan oedd; ysgafn yw;
tarth llwyd uwch traethell ydyw,
niwl hydref ar un gledren,
haen oer o lwch ar law wen.
Rhydwen yr holl lawenydd,
nad âi i bruddglwyf un dydd,
yn Awst yn ddim ond tristwch
a glaw yn gymysg â'i lwch.

Ar Draeth y Mwmbwls

Hen orwel hŷn na hiraeth, a hen haul
Sy'n hŷn na'r ddynoliaeth,
Hŷn hefyd na hynafiaeth,
A ni ein tri ar y traeth.

Dafydd yn Ddeunaw Oed

Ni weli, yn oedolyn hyderus,
Mor daer y mae'r plentyn
Yn hiraethu, gan rythu'n
Drist ei wedd dan rodres dyn.

Arfon

Â'r Drefn yn Drefn Duw erioed, cyn iddo
Ailwisgo Ei lasgoed,
Y mae pob deilen henoed
Eto yn cwympo o'r coed.

Syrth dyn i'w hydref hefyd, er na ŵyr
Yn ei wae na'i wynfyd,
Fel deilen ar bren, pa bryd:
Hydref yw drwy ei fywyd.

Nid oes ar derfyn y daith i'n llywio
Un llaw, na chydymaith
I arafu'n cwymp unwaith,
Na chwymp un ddeilen ychwaith.

Dwy ddeilen ar goeden gynt a dyfai,
A dihafal oeddynt,
Nes y daeth arswyd o wynt
I ddwyn y ddwy ohonynt.

Eu dwyn yn nychlyd wannaidd; dwyn deilen
Rhydwen yn lladradaidd,
Ac, ar hyn, rhwygo o'i gwraidd
Arfon, fel deilen ferfaidd.

Dau â ffydd, dau hoff oeddynt; unig wyf,
Fy nau gyfaill, hebddynt,
Yn dihoeni amdanynt,
Dau gyfaill, ac eraill, gynt.

Un wyrf oedd deilen Arfon nes bwrw'i
Syberwyd yn deilchion
Fel y lleill, a'm cyfeillion
Fel dail blêr hyd lawer lôn.

Daw ar goeden drwy gydol ei heinioes,
I'w changhennau oesol,
Haenau o ddail gwahanol;
Ni ddaw deilen hen yn ôl.

Ar y goeden eleni, a hithau'n
Drymlwythog cyn iddi
Ollwng ei dail drwy'r gelli,
Un ddeilen felen wyf fi.

Ef ydoedd o'm cyfoedion yr enaid
Tirionaf, yr Arfon
Cuaf oll o'm cyfeillion,
Yr einioes wâr, hawddgar hon.

Maent hwy ymhlith minteioedd goleuni
Yng ngwisg lân y lluoedd,
A'u hangau, nad angau oedd,
Yn gloywi drwy'r gwagleoedd.

Arfon i'r haul na dderfydd a dynnwyd,
I'w einioes dragywydd,
Ond yr Arfon sy'n llonydd
A goffâf o'm diffyg ffydd.

Ofni'r Drefn erioed yr wyf, a'i hofni
Yn ddwfn yn fy mhruddglwyf,
Cans ofni gweld glesni'n glwyf
Ar goed erioed yr ydwyf.

Ni welaf ond trefn greulon ac ynfyd,
Ond fe ganfu Arfon
Ystyr, ac yntau'n Gristion,
Yn y Drefn ddiystyr hon.

Esgyrn y coed drwy'u gwisgoedd a welaf
    Â'r dail yn eu miloedd,
  Yntau, pan droellai'r gwyntoedd
  Ddail claf, gweld yr haf yr oedd.

Â'r dail yn un â'r dilyw hwn o law
    A'i lid, anodd ydyw
  Credu, er Crist, fod distryw
  Arfon a dail yn Drefn Duw.

Credai'r arbedai bob un: dwylo Duw'n
    Dal y dail wrth ddisgyn,
  Dal y miloedd dail melyn,
  Dwy law'n dal deilen a dyn.

Ffydd gref a feddai; ffydd gron a ddeilliai'n
    Ddeallus o'r galon
  Oedd y ffydd ddihysbydd hon:
  Ffydd ddirfawr oedd ffydd Arfon.

* * *

Tynnwch ei ysbryd dinerth o ganol
    Tân gwynias y goelcerth
  I hedfan fry mor brydferth –
  Llwch nid yw o unrhyw werth.

Os ei lwch a heuwch chi'n darth diwerth,
    Daw awel i'w godi'n
  Golomen yr aileni
  A'r haul ar ei gwynder hi.

Oedwch; fe welwch wedyn, â'i lwch gwâr
    Ar wasgar, yr esgyn
  O'i flawd oer fel aderyn,
  O lwch gwael at y Cylch gwyn.

Bydd colomen ei enaid yn nofio'n
Y ffurfafen gannaid,
A llaw o afael pob llaid
A'i dug i'r Cylch bendigaid.

Yn rhywle uwchlaw'r heulwen yr ehed
Fel rhith, a bydd deilen
A fu yn braenu ar bren
Ym mhig lem y golomen.

Nid yw'n galar daearol o'r herwydd,
Er hiraeth dirdynnol,
Ond hiraeth annaturiol,
Hiraeth ein hanffyddiaeth ffôl.

Yng nghôl yr holl angylion, a chôl Duw,
Uwchlaw daear greulon
Ac uwch bedd diddiwedd hon,
Yn nhorf y Saint mae Arfon.

A daw ar bob ysgawen ddolurus
Ddail eraill, ac amgen
Bodolaeth, a phob deilen
A fydd yn newydd, yn hen.

Maen Coffa Waldo

Ar faen oer ein canrif ni, ar golofn
Mor galed â'r bryntni
Rhwng dyn a dyn, d'enw di
A dorrwyd gan Dosturi.

Capel Coffa Cwm Celyn

O'n harch, ar sychdir ein hiaith, ni welsom,
Er nad ffals ein gobaith,
Yr un aderyn ar daith
Na chwm yn sychu ymaith.

Gweld trwy'r Cof

(Ymson un o gyn-drigolion Capel Celyn)

Hen ddeiliaid ddoe a welaf, hen fedel
O gyfoedion araf;
Wrth eu gweld yn hel drwy'r haf
Llai na dafn yw'r llyn dyfnaf.

Ffenics y Llyn

(Cofeb Tryweryn: John Meirion Morris)

Aderyn y tosturi, ar adain
Friwedig fe godi
O lwch ein llonyddwch ni
Yn dy dân i'n dadeni.

Y Ddawns

i gyfarch Emyr Lewis

Nid yw heddiw'n diweddu na'r un awr
Yn aros; gan hynny
Ofered yw yfory,
Dydd i fod yw ddoe a fu.

Fel dail o afael dwylan yn rhedeg
Gyda'r ffrwd bensyfrdan,
Neu fel gwib nant benchwiban
Mynd y mae'r munudau mân.

O'i threulio, rhith yw'r eiliad; rhith yw'r awr
Er ei thrais annirnad;
Dihidio yw ehediad
Nos a dydd amser o'n stad.

Hwn yw naddwr beunyddiol yr wyneb;
Yr un sy'n wastadol,
Ymhob lle, ar bob heol,
Yn siwrnai hers ar ein hôl.

Rhwng y sêr, yn rhywle, rhydd ein horiau
A'n hiraeth aflonydd:
Oriau coll, amser a'u cudd
Ar gau'n ei gist dragywydd.

Ni wagiwn o'i cheiniogau gist amser,
Na'r sêr o'u trysorau,
Ond agoraist â geiriau
Y gist a gedwir ar gau.

Yn baradwys i'n breuder, â'th awen
    Fe gaethiwaist amser,
  Ac â'th gof, fel nad ofer
  Oedd dal dawns wamal y sêr.

Arafaist â'th ddawns ryfedd droadau
    Y rhod ddidrugaredd:
  Rhwydo mewn dawns gymrodedd
  Amser yn bartner, a bedd.

Troist ei ormes yn bleser, a'r ddawns rydd
    Yn sarhau'i drahauster:
  Dawnsio o hyd dan y sêr
  A damsang ar draed amser.

Yn nawns dau mae nos a dydd yn undod,
    A'r pendil yn llonydd,
  A sêr y bydysawd sydd
  Yn gweu drwy'ch dawns dragywydd.

*Ymson Cai**

Un hadlif a'n cenhedlodd, a'n rhithio'n
    Yr un groth, ond, rhywfodd,
  Er i ni rannu'r un nodd,
  Un geni a'n gwahanodd.

Dy wawr cyn iddi dorri yn hwyrhau
    Heb un rhith goleuni:
  Rhanasom oriau'r nosi
  Cyn rhannu'n haul cynnar ni.

Gan nad oedd modd geni dau ohonom
    Y'm ganed, a thithau'n
  Rhoi maeth dy farwolaeth frau
  O'm mewn yn faeth i minnau.

Nychaist, ond adferaist fi; rhoi dy fwyd,
    Rhoi dyfodol imi;
  Fy mywhau drwy d'angau di,
  Fy nghynnal cyn fy ngeni.

Cerddi, f'enaid gwarcheidiol, ar fy rhawd
    Megis brawd ysbrydol:
  Tynnu drwy fywyd ar f'ôl,
  Ninnau'n un anwahanol.

* Plentyn newydd-anedig Dafydd a Michelle, mab a merch-yng-nghyfraith fy nghyfaill a'm cydweithiwr Wyn Thomas. 'Roedd Cai yn un o efeilliaid, ond erthylwyd y llall, gan na allai'r groth ymdopi â chario dau. Hyn, yn ôl y meddygon, a achubodd fywyd Cai.

I Ceri Wyn

Y tu ôl i bob talar, y tu ôl
I'r tawelwch hawddgar,
Gwelodd y boen a'r galar,
Byd brau'r cymdogaethau gwâr.

Gweld llafn yn gwaedu'r hafnos, a'r hen frân
Fore a hwyr yn aros;
Gweld clwyf y byw gwledig, clòs,
A'r rhwyg mewn byd mor agos.

Hwn a welodd hyd waelod deuoliaeth:
Gweld creu'r dail yn ddarfod,
Dileu byw'n genhedlu bod
A'r Gwanwyn yn furgynod.

Gwewyr gwerinwyr unig a welodd
Ar fferm wael fynyddig,
A gweld cymuned wledig
Â'i llond o gymdogion dig.

Do, fe welodd adfeilion o werin
Yn nhir y treialon:
Murddunod marw o ddynion
A'u byw heb gadernid bôn.

Parhad yn achos pryder; trin y tir
Yn torri pob hyder:
Gwŷr yn gloff gan eu hoffer
A chrwm is gorthrwm eu gêr.

Hen faidd yn etifeddiaeth; hen ddaear
Ddiog yn dreftadaeth;
Hen fyd crintachlyd yn faeth
A hen hesg yn gynhysgaeth.

Gwelodd, gan dorri'i galon, yn sitrach
    Agosatrwydd dynion;
  Ymgom dig am gymdogion,
  A min y saeth mewn mân sôn.

Hwn a welodd nihiliaeth, a'i gyfoed
    Yn gwallgofi'n helaeth:
  Truan gŵr i'r tir yn gaeth
  Yn rhegi ei diriogaeth.

Anrheg hael yn dorcalon, hen, hen fraint
    Yn frad a gofalon;
  Gwaed yn grimp ar gadwyn gron,
  A'i linach yn elynion.

Gwelodd y meddal-galed yn ildio'i
    Anialdir i'r golled,
  A'i fywoliaeth i'r fwled;
  Rhoddi'i gorff i'r ffridd ddi-ged.

Hanfod bardd yw canfod byd: am y gwêl
    Mai gwae yw ein gwynfyd
  A'n huffern yn nef hefyd,
  Ceri Wyn sy'n fardd o'r crud.

Y Maen

(Medi 18, 1997)

'. . . yma ym mro'r cysgodion y mae hil
Gondemniwyd i boen Sisiffos yn y byd,
I wthio o oes i oes drwy flynyddoedd fil
Genedl garreg i ben bryn Rhyddid . . .'

'Marwnad Syr John Edward Lloyd'

Saunders Lewis

Nid oedd wedi si un saeth
ond deudwll yn dreftadaeth,
ac aeth ein hunaniaeth ni,
â'r glaw mawr ar Gilmeri'n
un storom, yn hysteria
glaw a gwynt drwy benglog wag.

O'n blaen 'roedd carreg segur,
o'n blaen yr oedd maen fel mur,
un mur fel ugain Meirion,
pwysau mawr Powys a Môn;
mur yn dwyn ein marwnad oedd,
mur udo Cymru ydoedd.

Maen anodd, er ymroddiad,
i'w dreiglo oedd. Daear gwlad
o faen oedd trwy oesoedd trais:
Môn o faen, maen na fynnai
symud er chwys ymdrech wâr
rhai glew mewn gwlad mor glaear.

Y maen hwn a dreiglem ni,
treiglo mur, trwy Gilmeri,

yn raddol at fryn rhyddid
er rhai di-her a di-hid,
ond mur nas symudem oedd,
un rhewfur drwy'r canrifoedd.

Gweddill, ychydig eiddil,
a gyd-wthiai graig yr hil;
maen rhy drwm i unrhyw dras
ei wthio, ond i gaethwas
neu ddau, mwy na mynydd oedd
er chwys ac ymdrech oesoedd.

Maen oedd a'n crymai'n eiddil:
gwae rewi holl ddagrau hil
yn garreg, ac o'u hoeri
ni welai neb, neb ond ni
ddagrau cudd y garreg hon,
dagrau hil y ffawd greulon.

Ein mymryn cae o ddaear
A drôi dan draed yn dir âr,
ninnau'n gwthio, gwthio'n gaeth
i'n rhigol o diriogaeth,
a'r maen trwm yn troi o hyd
yn unfan ein bychanfyd.

Gwthiem, gwthiem, ac weithiau
unfryd ein symud: nesáu
at y trum, eto trymach
o fodfedd i fodfedd fach
â phob symud unfryd oedd
gwthio'r rhod â'n gweithredoedd.

Carreg fel pwysau cerrynt
ar Gwm a fu'n Gymru gynt;
maen fel trymder llawer llyn,
Eryri o Dryweryn
arnom oedd y mymryn maen,
un Wyddfa o orweddfaen.

Ofer oedd ei wthio fry
drwy hanes, ond er hynny
symudwyd un mis Medi
faen y gormes, nes i ni,
er sawl treiglad ara' deg,
gyrraedd y bryn â'r garreg.

Ymson Mair

Yr Angel Gabriel a ddaeth gynt
  yn un dirgelwch, gyda'r gair
y genid mab o gnawd i mi:
  'Bydd etifeddiaeth iti, Fair,'
meddai, 'yn rhodd gan Dduw o'r Nef:
dy fab, ac nid dy fab, fydd ef.'

Pa fodd y gallwn gredu fyth,
  a minnau'n neb ond morwyn dlawd,
fod fy nghreawdwr yn fy nghroth,
    fod fy nghenhedlwr yn fy nghnawd?
Wrth inni dramwy tua'r dref
mi wyddwn mai fy mab oedd ef.

Ymnyddwn yn fy mhoenau i,
  yr oedd fy nghnawd i gyd ar dân;
gwaeddwn, ymwingwn yn fy mhang,
  a'r groth yn rhwygo ar wahân.
Tystiai fy llafur, fel fy llef
wrth esgor, mai fy mab oedd ef.

O'm llesmair gorffwyll yn y gwair,
  a'r bustach yn fflangellu fflam
y ffagl â'i gynffon, ganed hwn
  ymhen y nawmis yn ddi-nam:
ei eni ym mudreddi'r dref
i'w fam, heb Dduw. Fy mab oedd ef.

Ond wrth ei wylio'n gweithio gynt
   â'i dad, a'i lygad fel y wawr,
a'i wên fel gwynfyd, gwyddwn fod
   o gylch y mab ddirgelwch mawr;
a daeth i mi amheuaeth gref:
ai mab i mi neu Dduw oedd ef?

Ac ar ôl iddynt ladd fy mab,
   llefarodd angel arall air
wrth un o'm henw. Meddai hwn:
   'Mae wedi atgyfodi, Fair';
a gwyddwn nad fy mab oedd ef,
yr estron hwn, y Crist o'r Nef.

Gwyrth y Nadolig

Mae goleuadau'r siopau'n dallu'r sêr,
a'r tincial arian clir
yn uwch na sŵn y clychau.

Mor ddall â'r sêr, ni allwn
ryfeddu mwy ar ôl canrifoedd maith
o wrando'r un hen stori,
y stori am eni gwaredwr o Grist er mwyn
i wehilion ei hoelio
fel poster blêr ar blanc.

> *Yr oedd naw mis yn mesur tragwyddoldeb,*
> *a Duw'n rhoi'i Fab i'r wyryf Fair yn ddyn,*
> *hithau a roddai faldod i ddwyfoldeb;*
> *daear yn nef, ac yntau'n Dri-yn-Un.*

Bellach, pa fodd y rhyfeddwn
at wyrth y Tad
a'r ystrydeb am y Crist-waredwr
a ninnau'n creu gwyrthiau gwell
na gwyrth y geni'n y gwair?

Pe deuai'r Doethion ar daith
eleni, fe benlinient
o flaen y wyrth a gyflawnwyd
gan ddeiliaid a chynheiliaid technoleg –
y plentyn sy'n cofio popeth.
Gwelent ryfeddach plentyn
na'r un noethlymun a thlawd
hwnnw a welsant unwaith
liw hwyr ym Methlehem.

Maldodi'n famol Dad y greadigaeth
ym Methlehem, a'r lle mor llwm a thlawd,
a wnâi yr un a'i dug, drwy'r enedigaeth,
atom yn rhith yr ysbryd, rhith y cnawd.

Fe'i ganed i asio'r cenhedloedd
yn gwlwm yn ei gilydd,
i'n heilio'n un frawdoliaeth,
ond drwy'r canrifoedd cadwodd y cenhedloedd hyn
ar wahân hyd nes i'r we
droi'r ddaear helaeth yn gymdogaeth dynn.

O! na chaem weld drwy lygaid y bugeiliaid
y mymryn plentyn yn y preseb blêr,
a gweld â'r Doethion, rhwng yr anifeiliaid,
y Gair yn gnawd, yn esgyrn ac yn wêr.

Aeth hyd yn oed y goeden yn ddigidol,
a ninnau, ni allwn mwyach,
gredu dim byd heb ei weld
drwy lygaid technolegol.

Heddiw, a'n gwyrthiau'n cynyddu,
gwyrth y Gair a aeth o gof,
ac fe gywilyddiem pe dathlem eni Mab Duw
a hithau'n wyrth ddi-nod.

A'r Doethion a'r bugeiliaid, heb gywilydd,
o flaen Mab Duw mor syfrdan fud â'i gilydd.

Dyngarwch

(Er cof am y Fam Teresa)

Nid oes yr un ddihangfa rhag tyndra'r bywyd hwn,
na modd i neb lareiddio, gwareiddio'r byd yn grwn:
mae bom dan draed colomen, a thusw'n clymu'r gwn.

Mae'r haul fel chwerthin melyn ar griafolen Mai;
mae'r dwylo brwnt yn clwyfo'r perffeithrwydd yn y clai;
mae'r llawen yn y trist, mae'r llanw yn y trai.

Mae lili'n y budreddi, a rhosyn ar y drain;
a blodau ar geubrennau, ac ŵyn dan wg y brain;
drwy'r gwaed ar big aderyn y daw pob alaw gain.

Mae'r enwau ar y beddau'n coffáu dau ryfel byd,
a'r gofeb goch yn ochain dan bwysau'r geiriau i gyd,
a'r byd i gyd yn fynwent, yn Armagedon fud.

Yr Iddew'n y budreddi, a dwylo'r weddi'n rhaw,
yn agor bedd â'r bysedd, i'w buro rhag y baw
a'i atal rhag cenhedlu yn Auschwitz-Birkenau.

Mae'r danchwa o fwledi'n 'sgrifennu sgrech ar fur,
a'r waredigaeth ethnig yn golchi'r baw yn bur;
glanhau'r holl hiliogaethau â dagrau, gwaed a dur.

Mae Cariad yn teyrnasu yn nhiriogaethau'r Cas,
casineb yn tresbasu ar diriogaethau gras.
Yn nheyrnas y Tosturi drygioni ydyw'r gwas.

Cans mae'r un weithred rasol yn drech na'r un drahaus;
y gras sydd yn goroesi; byrhoedlog yw'r sarhaus;
dros-dro yr erys drwg; brawdgarwch sy'n barhaus.

Ac er nad oes dihangfa rhag tyndra'r bywyd hwn
mae ambell fam trugaredd yn creu'r tangnefedd crwn
â'r gras sy'n herio gwae, â rhosyn ar y gwn.

Wrth Fedd Waldo

(Mynwent Blaenconin, Gorffennaf 1, 1998;
claddwyd mam a thad Waldo, Waldo ei hun a'i briod Linda, yn yr un bedd.)

i Islwyn John

Mae'r ddau'n eu hangau'n un. Er eu gwahanu
  a'u rhwygo ar wahân, gan drugarhau
wrthynt, bu angau yma'n ailgyfannu
  eu priodas a'u cymdeithas hwy ill dau.

Yma y ceidw Linda'r hen ffyddlondeb,
  wedi'r blynyddoedd hir, yn ddiwahân
â'r bardd a welai lendid drwy greulondeb,
  ac ym Mlaenconin mae aileni cân.

Yma mae'r pridd yn aelwyd i'r ddynoliaeth;
  mewn bedd rhy fach i bedwar y mae byd;
yma mae teulu'n Deulu pob brawdoliaeth,
  yn geraint i'r dyngarwyr oll i gyd;

ac yma yn y bedd mae cymun byw
rhwng gŵr a gwraig, rhwng dyn a dyn, a Duw.

I Gwilym Herber, Craig-cefn-parc
Cyn-löwr, tyddynnwr, englynwr

(ar achlysur ei ben-blwydd yn 80 oed)

Er byw 'mro'r rheibio mor hir, o achos
    Mai awch ei diffeithdir
  A'th naddodd, ni'th heneiddir;
  Wyt un â gwydwch y tir.

Cwm gwâr yw'r Cwm a geri, am mai Cwm
    Y cof a anwyli;
  Cwm marwaidd pob camwri
  Yw'r Cwm hwn a welwn ni.

Gwelaist ddisbyddu'r gwaelod, a byw'n llwm:
    Dy Gwm yn dygymod
  Â'r hirlwm ar batrwm bod,
  Ac ardal yn segurdod.

Y Cwm yn gwm y camwedd, hwn, y Cwm,
    Lle bu cymaint mawredd,
  Yn Gwm yr hirlwm a'r hedd,
  Cwm y rhwd a'r cymrodedd.

Un adfail yw'r Cwm lledfyw, a'i dai wast
    Yn dystion i'w ddistryw:
  Lle bu'r Cwm yn batrwm byw
  Digymydog, mwy, ydyw.

Er y pall ar y pyllau y gweithiwyd
    Eu gwythi mor denau,
  Gwaeth, mil gwaeth, na chau'r gweithiau
  Oedd i iaith y gwaith lesgáu.

Cwm rhoi gwaith i'r Cymry i gyd yn Gwm dig,
    A'i gymdogaeth unfryd
  A gwâr yn Gwm seguryd,
  Yn Gwm oer, Seisnig a mud.

Cwm nad oes cymuned wâr mwy o'i fewn,
    Ond mi fynni'n seintwar
  Gwm hen oes gymwynasgar
  Am mai dy Gwm yw dy gâr.

Cwm di-waith, ond cymdeithas a feddai,
    Er glofeydd dibwrpas;
  Cwm y graith, ond Cwm y gras,
  Cwm anial pob cymwynas.

Nid yw'n hawdd dy heneiddio o achos,
    Er y nychu arno,
  Mai dy Gwm yw Cwm dy go',
  Ac ifanc wyt o'i gofio.

Eira yn Chwefror

Rhyfedd oedd deffro heddiw
ac agor llenni'r gegin
ar fyd mor wyn, ar fyd mor wahanol
i'r byd a adawsom pan aethom i'r gwely neithiwr:
deffro a gweld y ffwr gwyn
am freichiau ac ysgwyddau gweddwon
y goedwig i gyd;
deffro a gweld y byd wedi fferru i gyd,
ac eira'n gorwedd
ar daen fel haen o flawd
ar silffoedd y gwigoedd gwag.

Rhyfedd oedd deffro hefyd
a gweld y gwynt
yn hollti pocedi'r coed
â'i gyllell, nes gollwng
arian mân dros bobman, a'r byd
yn siwrwd o sêr,
a rhywun wedi troi
y goedwig yn Gaer Gwydion,
rhywun yn ystod y nos wedi pastio
cerddinen wen dros bob cerddinen ddu.

Erbyn hyn nid ydym
yn gyfarwydd â gaeafau o eira
gyda'r byd yn dŷ gwydr o beth.
Ni welsom eira ar deils
y toeau yn Abertawe
ers deuddeg Chwefror a rhagor, nes i'r bore hwn
agor ein llygaid bregus.

Am eiliad cawsom olwg
ar fyd a gollasom; am eiliad anghofiasom fyd
a lygrasom, wrth i benglog risial
y lleuad falu yn filoedd o ddarnau o'n hamgylch,
ac wrth i rywun gerflunio
coed marmor Chwefror â chŷn
nes bod yr ysglodion marmor yn llenwi'r bore.
Yr oedd y bore heddiw
yn gorchuddio â rhew holl hagrwch y ddaear hon,
holl hagrwch ein llygredd,
eira yn cuddio'r llygredd a'r holl fudreddi
hyd nes i'r ceir ei feiriol,
dadmer ei lendid, meirioli'i wynder,
a'i droi yn fwd ar heol.

Gwenllian, Merch Llywelyn

Yn Gymraes ymhlith Saeson, a'i cheraint
    Yn chwiorydd estron,
  Yn aeres heb un goron,
  Cymru oedd camwri hon.

Er Cof am R. S. Thomas

Mynnaist, drwy'r Iaith a meini dy eglwys,
    Greu deuglawdd cryf inni
  Rhag i'r môr estron donni
  Dros draeth ein hunaniaeth ni.

Er Cof am Ellis Williams
Yr Ysgwrn

Yn geidwad ei dreftadaeth, gwarchododd,
    O'i fodd, etifeddiaeth,
  Ond Cof yn angof a aeth
  Â Chadair heb warchodaeth.

Ar Garreg Fedd Ellis

Bu'r cymundeb, o'm mebyd, â'r fro hon
    Mor frwd drwy fy mywyd:
  Er tro garw troi i'w gweryd
  Rhan wyf o'r hen fro o hyd.

Er Cof am Lisa Erfyl

Ni chaiff coelcerth brydferthwch y wraig hon
Er cynnau'i hawddgarwch,
Na'r tân oer y tynerwch
Er troi'r llais llednais yn llwch.

J. E. Caerwyn Williams

Ynddo'r oedd, er ei addysg, y gwylaidd
A'r 'sgolor yn gymysg:
Cuddiai'r pendefig hyddysg
Â'i fwynder ddyfnder ei ddysg.

Gilbert Ruddock

Ni welai ddim drwy niwloedd y byd hwn;
Byd diwyneb ydoedd
O darth, ond tystiai'i werthoedd
Nad dall i fyd arall oedd.

Trwy'i einioes bu taerineb goleuni
Yn llenwi'i ddallineb:
Gwelai ardal disgleirdeb;
Gweld ymhell, yn well na neb.

Gwelai drwy'r llygaid llegach o'i eiddo
Bob dydd yn oleuach;
Ond dall er llygaid holliach
Ninnau, a'n byd yn un bach.

*Er Cof am Catherine Hughes**

1. *Y Croesi*

Ym Môn, drwy'r ymwahanu, arhosaist,
Ond croesaf, er hynny,
Ddwy afon i'r Fôn a fu,
I Fôn yr ailgyfannu.

2. *Y Goroesi*

(Myfyrdod ei Mab)

Heb dy weld, dy wyneb di a welaf,
Dy gael er dy golli,
A'th glywed, er na ddwedi
Ddau air o'th fedd wrthyf fi.

Er Cof am y Parch. Isaac Jones

Yn dystion i'th ddaioni, dewisaist,
Dad, weision: rhoed inni
Yn hwn, dy was ffyddlon di,
Dyst arall i'th dosturi.

John Tydu, y Cilie

(ar ôl darllen Teulu'r Cilie, *Jon Meirion Jones)*

Yr oedd meithdiroedd fel dôr gaeëdig,
Heb geidwad i'w hagor,
A'r mab dros bellter y môr
I'w hiraeth yn garcharor.

* Trigai ym Methel, Caernarfon, ond fe'i claddwyd gyda'i gŵr ym mynwent Eglwys Pentraeth, Môn. Y 'ddwy afon' yw'r Fenai ac Afon Angau.

Rhiannon

(Plentyn cyntaf-anedig Iwan a Nia Llwyd)

Drwy ichi eni'r ferch hon y ganed
 I'r genedl obeithion:
Ein hail-greu yn un hil gron
Drwy eni dwy Riannon.

Rhiannon ein chwedloniaeth, Rhiannon
 Sy'n parhau'n treftadaeth:
Eleni'n un olyniaeth
Hon yw ddoe a'r hyn na ddaeth.

Rhiannon, drwy'i rhieni, drwy asiad
 Yr oesoedd eleni,
A luniwyd i'n haileni:
Rhiannon yw'n Cymru ni.

Rhiannon yw'r hyn a aeth, Rhiannon
 Sydd mor hen â hiraeth,
A hyder ein cenhadaeth
Newydd yw yr un a ddaeth.

Am mai'r ferch yw Cymru Fydd, hi ydyw
 Ein parhad tragywydd:
Hon yw ddoe a hyn o ddydd,
Hon yw ein canrif newydd.

Y Brad

(Er Cof am Edward a Bet Jones, Benllech, Môn, rhieni Einir Jones; bu farw Edward Jones (Telynfab) ychydig wythnosau o flaen ei briod, er ei bod hi yn dioddef o afiechyd creulon ymhell cyn iddo ef ddechrau clafychu, ac wedyn ei gadael. Bu hi farw yn fuan ar ei ôl.)

Er na chawn yr un iachâd, mi wyddwn
Nad oedd modd i'n huniad
Barhau heb ymladd y brad
A gohirio'r ysgariad.

Rhag gwylio â thorcalon dy waeledd
Yn dy hawlio'n greulon
Yr hwyliais am orwelion
Y tu hwnt i'r ennyd hon.

I warchod y briodas, a pharhau
Cyffro'r hen berthynas
Y bu'r gwroldeb eirias
Yn erbyn gelyn mor gas.

I waredu'r briodas y ciliais,
Rhag hawlio ei hurddas,
Neu droi gan elyn di-ras
Yn wrthuni'r berthynas.

Tro gwael ymadael â mi, ymadael
Er fy mod ar drengi:
Yn anghwrtais, torraist ti
Dy air heb rith tosturi.

'Roedd uffern dy gadernid yn ormod,
A'th ddirmyg o'th wendid
Yn fy lladd, ennyn fy llid;
Gefell i'r bedd yw gofid.

O achos fy mradychu gennyt ti,
'Roedd gwynt taer yn chwythu
Yn rhewllyd oer drwy'r holl dŷ
A galar lond y gwely.

Mae galar yn ymgeledd; mae hiraeth
Yn ymwared rhyfedd:
Bu i mi, wrth borthi'r bedd,
Dorri gair trwy drugaredd.

Fe ddaeth hiraeth i orwedd i'm gwely'n
Gywely i'm gwaeledd,
Minnau, a'm horiau'n ddi-hedd,
Yn ei gael yn ymgeledd.

Ond fe ddaeth hiraeth â thi o afael
Y clefyd a'r bryntni
Ac o'r tŷ claf ataf fi,
Yn daer, daer ei dosturi.

Cenaist yn iach o'm hachos, er ein bod
Drwy'n bywydau'n agos,
Ond daeth hiraeth i aros
Gan fynnu glynu mor glòs.

Ond cur caredig hiraeth o afael
Gofid, drwy farwolaeth,
A hawliodd dy fodolaeth,
Rhag clafychu, nychu'n waeth.

Ond pan ddaeth hiraeth fel hyn i orwedd
Rhwng pared ac erchwyn,
Anodd oedd cysgu gronyn
Er cau dau lygad yn dynn.

Er atal â'i hualau dy ryddid,
Er iddo, hyd angau,
Roddi'i heyrn ar d'arddyrnau,
Hiraeth a ddaeth i'th ryddhau.

Hir y brwydrais â'm treisiwr; trech yntau
Trwy'i chwant, lawer neithiwr,
A mynnai yr ymhonnwr
Gysgu yng ngwely fy ngŵr.

Hiraeth yw'r un a huriais, a'i wysio
Imi'n was: gorchfygais
Dy ryfela drwy'i falais,
Y dewrder oll drwy ei drais.

I'w faldod brwnt, fe ildiais, oherwydd
Yn hiraeth mi gefais
Un mwy triw, er grym y trais,
Na'r bradwr a briodais.

Huriais, cyn llogi hiraeth i mi'n was
Un min hwyr, farwolaeth;
Er dy fwyn, fy nwyn a wnaeth
Am ei dâl – fy modolaeth.

Trengodd y cariad rhyngom oherwydd
I'r cur a ranasom
Ddihoeni'r ddau ohonom,
Hawlio'n drist ddwy galon drom.

Mynnu rhagflaenu fel hyn dy einioes
A'th dynnodd i'm canlyn,
I ni gael, heb un gelyn,
Gofleidio eto yn dynn.

Dwy Gerdd ynghylch Hunaniaeth

1.

Mae hi'n hen bryd inni groesi cerrig y rhyd.

O ganrif i ganrif gynt
buom yn coledd yr un hen ddelweddau,
yr un delweddau hyd ludded,
yr un delweddau o'n hangau o hyd ac o hyd.

Ond yn awr daeth yr awr i groesi cerrig y rhyd.

Yma, drwy'n gwareiddiad, yr oeddem
yn fwy cyfarwydd â'r negydd nag â'r llun ei hun:
gwehelyth yn creu myth o'i methiant,
a'i delfrydau arwrol yn codi o lyfrdra erioed.

Delweddem fel cenedl eiddil
y genedl erioed:
delwedd fel y ddelwedd o wŷr
a aeth i Gatráeth eu tranc,
y fyddin a oedd yn rhy feddw
i ennill y darn lleia' o dir,
a throesom ninnau yn arwyr y milwyr mud.

Y ddelwedd o fardd Gwenddolau,
y dewin Myrddin, yn siarad â'r moch
yng Nghoed Celyddon,
a'r ddrychiolaeth o Rydderch Hael
yn ei erlid drwy'r dail.

Yn rhy hir y bu Gwên wrth y rhyd,
yn llawer rhy hir y bu Llywarch,
yntau, yn byddaru'r genedl â'i gwynion;
yn rhy hir y bu ein harwriaeth

yn gyfystyr â chwymp
rhyw Reged drist, rhyw Gatráeth.

Anwylem y ddelwedd
o Heledd ar drugaredd y gwynt,
y ddelwedd o Heledd yn ddeilen
a aned i dynged nad oedd
yr un ddihangfa rhagddi,
ac yn un â'r ddelwedd honno,
y ddelwedd o Gynddylan,
ei brawd, yn ymborth i'r brain.

Anwylem ben Llywelyn,
anwylo'r benglog yn hytrach na'r tywysog a'r teyrn,
penglog wag yn cwpanu glaw, a gwynt
Rhagfyr yn chwythu'n farugfain
drwy'i cheudod diwaelod hi,
a'i llygaid coll yn gollwng
dagrau o gynrhon.

A thrwy'r oesoedd
casglasom y cerddi galar
ynghyd yn un flodeugerdd:
blodeugerdd heb weledigaeth
ac eithrio hen weledigaeth yr hil
ynghylch ei hangau ei hun.

Ond bellach mae hi'n hen bryd
inni groesi cerrig y rhyd.

A phan aeth ein tiriogaeth yn llai na lled-rhych,
soniem o hyd am fychanfyd, a chynfeirdd
cenedl yn cynnal ei chof,
am nad oedd gennym ni dir
na thras na hunaniaeth ar ôl.

Ac mae'n hen bryd inni groesi cerrig y rhyd.

2.

Claddwn y delweddau bellach,
y delweddau o genedl eiddil,
ym medd y ganrif.

Bydd yn rhaid i linach, a luniai
o'i dagrau ac o'i hangau gynt
freuddwyddion, gyfarwyddo â hyder,

a delweddu hyder, nid y genedl ddi-hid
honno a seiliodd ei hanes
ar fethiant trichant Catráeth.

Anghofiwn y delweddau a'r mythau
a greasom er mwyn goroesi,
y mythau a fu'n faeth i'n hunaniaeth ni.

Cadarnach nag Ystafell Cynddylan
yw Stadiwm y Mileniwm, a luniwyd
o'n hyder ni a'n cadernid.

Bydd adeilad y Cynulliad yn well
adeilad, yn rymusach delwedd
na'r un llys bregus o bren;

ac o Wynedd i Went mae sawl plentyn
yn dysgu'r iaith, a llond sgrin
o yfory i'w fwydo i'r cyfrifiadur,

a dawns y geiriau oll ar lyn llydan y sgrin
fel sglefrwyr hyderus ar draws y dŵr,
a rhew ein hyder newydd yn dal eu dawns,

yn ennill yr hunaniaeth
a gollwyd yn ôl, ac mae cof cyfrifiadur
yn sicrach, cadarnach cof

na'n cof annelwig gynt
am ryw Heledd yn anwylo'i marwolaeth
ei hun, a marwolaeth ei hil;

a gadáwn, heb godi unwaith
o'n seddau o flaen y ddwy sianel, gan ddewis un,
i'w delweddau digidol ladd

y cof am y benglog hyll
yn wylo'i chynrhon, gan ffarwelio â chanrif
ac â mil blynyddoedd maith ein cyflyru i'n methiant,

rhag ofn i'r benglog chwydu'r cynrhon o'i cheudod,
rhag ofn i ryw Heledd darfu ar wledd y Milflwyddiant
â'i chelain a'i drychiolaeth.

Tri Bedd mewn Un Diwrnod

Mai 24, 2000

1. Bedd Caradoc Evans: Mynwent Horeb, y Gors, Aberystwyth

i Dafydd Rhys

Cawsom hyd i'r bedd o'r diwedd, wedi inni ein dau
durio drwy'r clystyrau drain
ac ymorol ymysg y mieri,
ac nid rhyfedd i mi fethu'i weld pan fûm yno o'r blaen
yn turio ym mynwent Horeb,
â'r garreg ar ei gorwedd
dan dyfiant, fel cilddant coll
yng nghanol y rhes lawn dannedd o gerrig beddau.

Ac yno yr oedd, yno, yn guddiedig yn nrain
a thyfiannau'r fynwent;
yno yr oedd, a'r mieri
dilornus yn dial arno,
danadl a Duw yn dal dig,
ac yntau'r gwawdiwr yr un mor ddirmygedig
wrth orwedd yn ei fedd ag yr oedd yn ei fyw.

Ac ar ei fedd yr oedd yr arysgrif hon:

Rhoddwch fy nghorff dan briddyn
ysgafn, fel y gall y glaw ddisgyn
yn fân, fân ar fy wyneb,
ac fel y bydd siffrwd adenydd
y glöyn byw ar glyw'n bêr.

Ond ni ddaw na glaw na glöyn
i'w gyrraedd dan y garreg
o achos trwch y mieri sy'n difenwi ei fedd.

Am fawa ar ein gwag-grefydda cafodd garreg fedd
anhysbys yn gosb;
bedd blêr dan drahauster y drain
am fynnu dadlennu pechodau ei bobl dlawd,
ac am iddo hawlio'i ddialedd
ar ragrith y grefydd felltith honno a folltiodd
y drws rhag y weddw drist,
y weddw o fam nad oedd ganddi fodd
i dalu ei hatling i'r coffrau,
ac yntau'n wawdlyd o'r grefydd nad oedd yn fodlon
maddau'i dyledion i'w fam weddw dlawd.

Gadawsom y fynwent uchel,
ac aethom heibio i'r capel a oedd wedi cau
ar ein ffordd yn ôl at y car,
heibio i gapel tebyg
i hwnnw a gaeodd unwaith
y drws ar y weddw drist.

* Yn Saesneg y'i ceir ar y garreg fedd, dyfyniad o waith Caradoc Evans ei hun: '*Bury me lightly so that the small rain may reach my face, and the fluttering of the butterfly shall not escape my ear*'.

2. Bedd Caradog Prichard: Mynwent Eglwys Goffa Robertson, Bethesda

i J. Elwyn Hughes

Nid yma y disgwyliem dy weld,
ym mhridd y ddaear,
nid fan hyn, ond yn llyn y llawenydd,
yn un â darlun y dŵr.

Nid fan hyn, yn y fynwent hon
â'i danadl â'i heirch, ond yn adlewyrchiad
y dydd yn y dŵr
y disgwyliem dy weld.
Disgwyliem dy weld
gyda Hapi Dol, a Huw'r Pant
a foddodd ei ofn mewn chwe modfedd o ddŵr,
a Moi a Huw a Bob y Fron,
yn rhyw Lyn Du, yn narlun y dŵr.

Do, fe welsom y llynnoedd,
Llyn Ogwen a llyn y chwarel,
ond nid oedd y llynnoedd yn llawn
o'ch ysbrydion aflonydd,
ac nid oedd yr un ohonoch
yno yn dawnsio'n y dŵr.

Disgwyliem dy weld
yn nŵr y llyn â'r rhai eraill a aeth
yno o'th flaen:
eich gwylio yn ymwáu drwy'ch gilydd,
ti, Hapi Dol, a Huw a Moi,
yn eich dawns yn nedwyddwch y dŵr,
a gweld, wrth ichi ymwáu, eich dilladau llaes
yno yn chwifio o'ch ôl.

A phan aethom at Bont y Tŵr
yno nid oedd un dim,
dim byd ond y dŵr parablus, baldorddus o'i darddiad
yn ymwáu i gyfeiriad y môr
gan loetran o dan y dail,
gan stelcian o dan y dail:
y dŵr di-hid ar ei daith
yn llifo drwy ddau lygad tyllog y benglog o bont,
y dŵr di-hid, ara' deg
yn llifo heibio i'w hynt
heb hidio dim am Hapi Dol
na Huw, na Moi, na neb
o'r meirwon, dim ond ymwáu
i gyrraedd y môr agored.

3. Bedd R. Williams Parry: Mynwent Coetmor, Bethesda

i Wyn Thomas

Rhyfedd, mor rhyfedd, â'r haf
yn ei wyddfid, oedd gweld dy orweddfan;
rhyfedd mor ddigyffro hefyd
i ti, yn dy fedd, yw'r hen gyfaredd a fu
yn gyffro'n y galon gynt.

Mi wn mai hwn ydyw'r mis
sy'n annog y gog i agor
ei blodau'n gleisiau ar glawdd,
ond er mai hwn ydyw'r Mai
a fu'n gyffro'n dy galon gynt,
ni weli di wyrddni dail,
na gwawn y prynhawn o haf,
lle mae'r bwtsias glas yn glystyrau ar glawdd,
yn gareiau ar esgidiau'r gog;

ni chlywi di atal-dweud
y gog uwch chwrligwgan
hyn o fyd ar brynhawn o Fai,
ac ni chlywi, ychwaith, y nodau eilwaith yn dod
lond y gwynt o Landygái.

Hyn oedd dy ofn:
ofn diffodd yr haul o'r llygaid,
ofn cau'r synhwyrau'n eu nos,
ofni rhyfeddod bod oherwydd y bedd.

Fe wyddit, er rhyfeddu
at Fai pan ddeuai'n ei ddail,
y darfyddai hud a rhyfeddod
bwtsias symudlas Mai pan giliai'r gog;
ac yng nghanol marwolaeth,
yng nghanol yr angau hwn,
yng nghanol marwolaeth bodolaeth pob dyn, yng nghanol
enbydrwydd byw a diwreiddio bod,
un arswyd oedd yr ystâd
o fyw i ti, wrth ganfod hers
yn dy ddilyn bob cam o'r daith,
a'r hers yn bwrw'i harswyd
yn rhyfeddod pob diwrnod arnat.

Nid wyt ti yn ofni'r nos
rhagor, yng Nghoetmor ynghwsg
yng nghôl yr angau ei hun,
yn wahanol i'r pedwar ohonom sy'n sefyll, fan hyn,
uwch dy fedd yn nhawelwch dy Fai,
gan wybod, wrth ddathlu rhyfeddod ein bod a'n byw,
mai rhyfeddod sy'n darfod yw.

Cofio Arfon

(Englynion a lefarwyd yn y Babell Lên yn Eisteddfod Genedlaethol Llanelli, 2000, yng nghyfarfod coffa T. Arfon Williams.)

Ai rhy bell yw Llanelli i gymell
Dy gam tuag ati?
A oes modd dy wahodd di
Yn galonnog eleni?

Nid yw i'r rhai byw'n rhy bell; na, ni all
Llanelli na phabell
Hiwmor y beirdd fy nghymell
Na'm galw i o'm gŵyl well.

Onid taer yr ennyd hon y dyheu
Am dy hen gyfeillion?
Onid yw'r hiraeth yn don,
A gŵyl yn torri'r galon?

Er dilyn y frawdoliaeth i sawl gŵyl,
Er hwyl oriau helaeth,
Ni'm temtir gan un hiraeth
I fentro i'r Ŵyl ar fin traeth.

Hiraeth fel ton ar draethell yn yr hwyr
Yw hiraeth y babell:
Hiraeth â'i frath fel rhathell,
Hiraeth mawr, a thi ymhell.

Ni all yr un gyfeillach fy hudo
O fyd sy'n ddedwyddach;
Ni allwn fwynhau bellach
Awst yr Ŵyl mewn byd o strach.

Yma mae'r dorf anorfod yn disgwyl,
A'r dasg wedi'i gosod;
Yma i'r man cyfamod
Y mae dy dîm wedi dod.

Na, ni ddof. Mae'r un a ddaeth ar fy ôl
Yn cryfhau'r dreftadaeth,
A pharheir gan ateb ffraeth
Ei linell yr olyniaeth.

Â'r dorf yn barod, Arfon, i wrando
Mireinder d'englynion,
Dyro faeth i'r dyrfa hon,
A rho ias i'r ymryson.

Yn sŵn eich ymrysonau, wrth ennyn
Chwerthiniad a dagrau,
Chwerthin a fynnaf innau,
Daw wedyn ddeigryn neu ddau.

O'n gŵyl unig eleni yr awn oll,
Awn oll o Lanelli;
Awn oll yn drist na elli
Ymuno eto â ni.

Yng ngŵyl uno'r englynion yn un gân,
Un gerdd, yr wyf yno'n
Eich plith yn ailymrithio'n
Y dreftadaeth helaeth hon.

Hela Ffosiliau

Charmouth, Lyme Regis, Gorffennaf 24, 2000

'Roedd y môr ar ei ffordd i mewn
yn raddol pan gyrhaeddodd
y tri ohonom y traeth,
ac eisoes yr oedd teuluoedd lawer
wrthi hi ar y traeth hwn
yn hel ffosiliau.

Aethom ninnau ati i chwilio am y ffosiliau:
codi graean mân o'r môr
a hollti cerrig garw;
archwilio pob darn o graig yn ofalus
nes canfod ffosil o'r diwedd –
ôl bywyd o'r cynfyd coll
yn grwn yn y graig,
hen, hen gragen fel plentyn yn cysgu'n y groth
cyn ei eni i'r byd hwn o amser.

Ni ein dau am un ennyd awr,
un ennyd ymhlith y miliynau
ar filiynau o flynyddoedd, a theuluoedd lawer,
rhai ohonynt yn dair cenhedlaeth,
yn hela ffosiliau
yng Ngorffennaf yr haf hwn,
yng Ngorffennaf cyntaf haf cyntaf y ganrif cyn
i hafau eraill ei ddilyn,
fel y miliynau o hafau a fu cyn hyn.

Aethom â'r ffosil yn ôl gyda ni –
y mymryn bywyd hwn
a oedd wedi goroesi'n y graig –
tra chwalai'r trai ar y traeth
yn drwyadl ôl ein troedio ar hyd y lan,
ac amser ei hun
yn hidlo'r tair cenhedlaeth,
teidiau a neiniau, tadau a mamau a phlant,
a ninnau ein dau hefyd –
tad a mab – fel tywod y môr
drwy ran ganol ei wydr
mewn llai nag amrantiad.

GOROESIAD CENEDL

Cantawd

Comisiynwyd y gwaith hwn gan Richard Elfyn Jones, cerddor ac Uwch-ddarlithydd yn Adran Gerddoriaeth Prifysgol Caerdydd. Ef a gyfansoddodd y gerddoriaeth.

Perfformiwyd y gwaith am y tro cyntaf yng Nghyngerdd Mileniwm Gŵyl Gerdd Maldwyn, ar Fai 6, 2000, yn Theatr Hafren, Y Drenewydd.

Perfformiwyd y gwaith gan Janet Shell (Unawdydd), Côr yr Ŵyl a Cherddorfa Philharmonia Gogledd Cymru.

Goroesiad Cenedl

(Cantawd ar gyfer dathlu'r Milflwyddiant)

CÔR:

Troi, y mae popeth yn troi,
   yn troi, yn ail-droi'n ôl y Drefn
y mae Duw ei hun wedi'i rhoi,
   yn gylchdro a chylchdro drachefn.

Y mae'r nos yn aros y wawr,
   a'r canrifoedd, wrth ddod ynghyd,
yn dirwyn i'r un ennyd awr,
   y pwynt sydd yn pontio dau fyd.

Mae'r calendrau a'r clociau yn cloi,
   yn eu dyddiau a'u horiau, yr holl
ganrifoedd sydd eto heb ffoi,
   a'r oesoedd sydd eisoes ar goll.

Y mae eiliad yn dirwyn y mil
   blynyddoedd i'w chrombil yn awr,
nes geni oes arall yn sgîl
   ei diflaniad, ar doriad y wawr.

Y mae'r rhod yn parhau i droi,
   parhau i droi y mae'r rhod,
rhwng yr amser sydd wedi hen ffoi,
   a'r amser sydd eto i ddod.

RHAN O'R CÔR (MERCHED YN UNIG):

Ni yw'r rhai a fu yma erioed,
   y rhai a fu'n dwyn tystiolaeth
drwy ganrifoedd hanes. Ni roed
   erioed i ni'r hawl i weithredu,
   ac ni roed inni'r hawl i waredu
cenedl rhag yr un farwolaeth.

Buom ni, y cyffredin, erioed
ar frenhinoedd ein hanes yn gweini,
a bu'n gwŷr, seiri meini a choed,
yn creu trawstiau a distiau o'u hestyll,
ac yn codi eu llysoedd a'u cestyll
gan fawrhau cymwynas y meini.

Cân y Dechreuad

UNAWD:

A daethant, y rhai cynnar hynny,
yr hil a fu'n chwilio am wlad:
ffoaduriaid yn dod â'u crefftwriaeth
i greu drwy fetelau dref-tad.
Yr oedd gan y rhain eu gwareiddiad
eu hunain cyn cychwyn i'w hynt,
eurofaint â medr canrifoedd
yn gweu eu breuddwydion o'r gwynt.

Ymffurfio yn genedl yn gynnar,
a throi yr hen ddaear yn ddof,
a wnaethant, a thrwy'r cenedlaethau,
creu geiriau a chwedlau a chof.
Synhwyrent hen eiriau soniarus
ar dafod y gwynt yn y gwair;
enwasant y tir a'r ynysoedd
o'u cwmpas ag urddas a gair.

A gadawsant o'u hôl i'w gwehelyth
grochenwaith a geiriau a chân,
a phatrymau eu crefftwyr, a'u hamaeth,
a'r rhyddid i fod ar wahân;
y rhyddid i anadlu eu chwedlau
eu hunain, a mynnu parhad,
a rhoi eu hunaniaeth i ninnau,
a rhoi hefyd hil a thref-tad.

CÔR:

Gwyliasom dreiglo oesoedd
fel môr yn treiglo'r traeth,
a thrwy ganrifoedd hanes
ni buom ni yn gaeth.

Gwyliasom yr eglwysi
yn codi fesul un,
yn gadwyn rhwng ei Geidwad
dwyfol ac yntau, ddyn.

Cân y Seintiau

UNAWD:

Daethant i gyd yn gadarn
eu credo ynddo Ef;
Dogfael a Dyfrig, Padarn,
yn un â Duw a'r Nef;
o Lydaw yn eu tlodi,
o draethau Erin draw,
y daethant hwy i godi
eglwysi yn y glaw.

Gofan a Sant Tysilio,
ac Illtud yn ei gell,
daethant i gyd i chwilio
am byrth y Ddinas Bell.
Â'u ffydd yn Nuw yn dodi
y brodyr oll ar braw,
y daethant hwy i godi
eglwysi yn glaw.

I goledd y Dirgelwch
ymhell o'r byd amhur
y daethant i dawelwch
ysbrydol Ynys Bŷr;
ar Enlli, gan briodi'r
eglwys â'r graig islaw,
bu Cadfan yntau'n codi
eglwysi yn y glaw.

Daethant yn dorf, gan rewi
   gweddi mewn meini mud,
a chododd Duw a Dewi
   gadeirlan ar y cyd.
Daethant er mwyn cysgodi
   rhag drygau'r byd a'i faw,
i gael iachâd, a chodi
   eglwysi yn y glaw.

CÔR:

O Dduw, paham na adawyd
   i ni, yn dylwyth, fodoli,
heb neb yn ymyrryd â ni?
Paham, O Arglwydd, y'n trawyd
   gan ryw hil a fynnai'n rheoli
heb fod anghydfod â hi?

Fe welsom ni Heledd yn crwydro,
   yn crwydro, a chwilio'n ddrychiolaeth
am ei brodyr a'i chwiorydd gynt,
a deilen ddi-nod ei bodolaeth
   yn yr hydref o ddifa a brwydro
yn chwyrlïo a gwingo'n y gwynt.

Cân Heledd

UNAWD:

Sefwch allan, forwynion,
sefwch, ac edrychwch draw:
mae tân y pentewynion
yn llosgi'r llys gerllaw.

Sefwch yn dystion distaw,
sefwch, a dysgwch nad oes
i hil Cynddylan a Heledd
un grym ond tynged groes.

Yr un yw ein rhan, forwynion,
â rhan y dail ar y coed:
i ddail ac i deulu Cynddylan
yr un yw'r dynged a roed.

Adroddwch am y diwreiddio
hwn i'r holl oesoedd a ddaw;
Sefwch yn gwlwm galar,
sefwch, ac edrychwch draw.

CÔR:

Fe glywsom ymdaro'n y deri,
a'r nos, wrth i'r düwch grynhoi,
yn boddi'r haul mawr yng Nghilmeri,
a'r corff yng Nghwm-hir rhwng mieri,
a'r rhod wedi peidio â throi.

Offeren Gwenllian

UNAWD, GYDA'R CÔR YN CANU'R LLINELL GYNTAF YM MHOB PENNILL:

Dominus vobiscum . . .
gwaed ar ei godwm,
drylliwyd y patrwm,
datodwyd cwlwm
wedi cad.

. . . *Et cum spiritu tuo.*
daear yn duo,
deri'n ymdaro:
daethant i'm twyllo
o'm tref-tad.

. . . *Et Spiritus Sancti . . .*
Arglwydd arglwyddi,
gwrando fy ngweddi,
rho heddiw imi
beth rhyddhad.

Côr yn lle ceraint,
    yn lle cof, cwfaint;
    yn lle brenhinfraint
    nawdd gan yr hollsaint
        imi'n rhad.

. . . *Kyrie eleison* . . .
    huriwyd fy nghoron,
    ac, ymhlith Saeson,
    gwlad fy ngelynion
        yw fy ngwlad.

Christe eleison . . .
    hoeliwyd fy nghalon
    wrth Groes un graslon
    er trais rhai estron
        a'u sarhad.

Meddai'r chwiorydd:
    'Dwyn merch gwladweinydd
    a wnaed oherwydd
    difa arweinydd
        di-fawrhad.

Aeres y Cymry
    wedi diflannu:
    meirch yn ei chyrchu
    draw i briordy
        wedi'r brad.

Merch na châi berchen
    un deyrnwialen,
    heb na sagrafen
    sanct, nac offeren
        yn goffâd.'

Fam y gofidiau,
Grist y grasusau
ymgyrchais innau
drosoch, a'r seintiau,
ar grwsâd.

Dwg waredigaeth,
Fair, yn fy hiraeth
am fy nhreftadaeth,
am fy hunaniaeth,
am fy nhad.

Gad imi'i charu,
Fair, a llefaru
gweddi dros Gymru
hollt, a'i hoffrymu
i'w pharhad.

Dominus vobiscum . . .
ond wedi codwm
drylliwyd y patrwm,
datod y cwlwm
wedi cad.

CÔR:

A buom ar goll am ganrifoedd
canys daeth annibyniaeth i ben,
a chwiliasom am Ganaan amgenach,
am y wlad hwnt i'r haul yn y nen.

Cân Pantycelyn

UNAWD:

Yn dy eiriau mae distawrwydd
perffaith, pur sancteiddrwydd Duw;
ni chaiff seiniau'r byd fy moddi
na halogi fyth fy nghlyw:
O! llefara d'air hawddgara',
fel y byddaf innau byw.

Paid ag edrych arna'i, f'Enaid,
rhag i'm llygaid doddi'n llyn;
byddai gweld dy wyneb, Iesu,
yn tywyllu'r llygaid hyn:
eu cymylu nes eu pylu,
gan fy nallu'n syfrdan, syn.

Mil melysach na myrddiynau
o delynau yw dy lais;
gwna fy nghorff i ti'n offeryn,
tynn dy fysedd hyd fy ais:
gwna ganiadau o'm serchiadau,
dyro arnaf rym dy drais.

Mae pob sŵn soniarus, bydol
yn dy enw dwyfol Di,
ond fe'i llygrid a'i lychwino
gan fy nhafod aflan i:
nid ynganaf d'enw glanaf
rhag ei faeddu gennyf fi.

Cân Ann o Ddolwar Fach

UNAWD: A minnau'n ieuanc lawen
a'm corff fel bedwen bêr,
mi ddawnsiwn hyd y bore
yn syfrdan dan y sêr:
RHAN O'R CÔR: O! dawnsia, dawnsia gyda mi,
Y CÔR I GYD YN YMUNO: dawnsia, dawnsia gyda mi,
dawns arall dan y sêr.

Yr oedd fy nghorff rhwystredig
fel crwth ar dorri'i dant
wrth ddawnsio'n glòs â glaslanc
a minnau'n chwil gan chwant:

O! dawnsia, dawnsia gyda mi,
dawnsia, dawnsia gyda mi,
    a phortha di fy chwant.

Yr oedd fy nwydau'n ymbil
    fel ffidil yn y ffair
am iddynt ddod i'm denu
    i garu yn y gwair:
a dawnsiais, dawnsiais gyda chi,
dawnsiais, dawnsiais gyda chi,
    mor chwil â ffidil ffair.

Daeth llanc i'r 'sgubor ddawnsio
    â'i wisg i gyd yn waed;
'roedd creithiau ar ei ddwylo
    a thyllau yn ei draed:
O! dawnsia, dawnsia gyda mi,
dawnsia, dawnsia gyda mi,
    meddai, â'i wisg yn waed.

Cymerodd fi'n ei freichiau
    a'm troelli i trwy'r llawr;
Ni welwn lanciau eraill,
    dim ond y Cariad Mawr,
a dawnsiodd, dawnsiodd gyda mi,
dawnsiodd, dawnsiodd gyda mi,
    o'r hwyrnos hyd y wawr.

Fy Mhrynwr, fe'm harweiniaist
    i'r ddawns a'm lloriodd i,
a'r ddawns ar lawr y 'sgubor
    oedd dawns ein neithior ni;
a dawnsiais, dawnsiais gyda thi,
dawnsiais, dawnsiais gyda thi
    yn nawns ein priodas ni.

A dawnsiai'r holl fydysawd,
 dirgrynai daear gron,
ac yntau'r llanc yn arwain
 y ddawns ddiddiwedd hon:
O! dawnsiwch, dawnsiwch gyda ni,
dawnsiwch, dawnsiwch gyda ni,
 drwy gyrrau daear gron.

Cân y Rhai a Anghofiwyd . . .

UNAWD: Cofiwn y rhai a fu yma'n
 trin y tir anghyfeillgar hwn,
yn hogi llafn pladur a chryman,
 yn gwyro o hyd uwch y grwn.
CÔR YN YMUNO: *Yma y buont beunydd,*
 ond bu hynny'n y Gymru gynt:
edau o wawn yw ein deunydd,
 plu'r gweunydd ar y gwynt.

Cofiwn y rhai a symbylwyd
 gan yr aberth a'r brad ar y bryn
i godi capeli, y pylwyd
 eu henwau gan law erbyn hyn.
Yma y buont beunydd,
 ond bu hynny'n y Gymru gynt:
ewyn y don yw ein deunydd,
 plu'r gweunydd ar y gwynt.

Cofiwn y rhai a roddasant
 eu celloedd yn gelloedd i'n gwaed;
o'n cwmpas eu mur a godasant,
 torasant y llwybrau i'n traed.
Yma y buont beunydd,
 ond bu hynny'n y Gymru gynt:
crinwellt ar dân yw ein deunydd,
 plu'r gweunydd ar y gwynt.

Cofiwn y rhai a anghofiwyd,
nad oes yr un cofnod o'u hôl;
y rhai, ers canrifoedd, a rofiwyd
i'r ddaear, a chysgu'n ei chôl.
Yma y buont beunydd,
ond bu hynny'n y Gymru gynt:
eira ar daen yw ein deunydd,
plu'r gweunydd ar y gwynt.

CÔR:

Fe glywsom sŵn traed y catrodau
yn atsain fel cloch ar ein clyw,
a thorrwyd i lawr yn eu blodau
yr hawddgar a'r beiddgar a'r byw,
gan droi'r holl ddireidi'n feddrodau,
a'u gwanwyn yn wanwyn mor wyw.

Marwnad y Deugain Mil

UNAWD:

Ar fidog o gofadail,
ar lechen hen yr hil,
ar farmor y colofnau,
mae enwau'r deugain mil
y daeth eu marw cynnar
â galar yn ei sgîl.

Deugain a ystadegwyd
ers tro yw'r deugain mil,
ond dynion oeddynt unwaith
cyn mynd i'r chwalfa chwil:
cariadon, gwŷr a thadau,
a phlant rhieni'r hil.

Aeth rhai'n wirfoddol feddw,
a galwyd rhai'n eu sgîl

hyd nes i'r Rhyfel fathru
  a malu deugain mil:
eu medi'n ddiymadferth
  eu haberth dros eu hil.

'Roedd rhai mor ddewr o ieuanc,
  âi rhai o'r gad ar gil:
dewrion neu ffoaduriaid,
  fradwyr neu arwyr hil,
ni fyn neb mwy ddifenwi
  na moli'r deugain mil.

Angof yn naear Arras,
  y Somme a Voormezeele,
a'r beddau bas yn Boesinghe
  yw'r rhain gan bawb o'r hil:
angof fel dagrau tadau
  a mamau'r deugain mil.

CÔR:

Fe glywsom sŵn traed y catrodau
  yn atsain fel cloch ar ein clyw,
a thorrwyd i lawr yn eu blodau
  yr hawddgar a'r beiddgar a'r byw.
Fe aethant drachefn dros y rhiniog
  a rhai ni ddychwelodd o'r hynt:
'roedd y cŷn gan gyfenwau yn finiog,
  ac 'roedd enwau ar goll ar y gwynt.

Er hynny daeth rhai dros y rhiniog
  yn ôl, wedi'r chwalfa, drachefn,
a chadwasant y cryman yn finiog
  wrth ddyfod i drafod hen drefn;
i ail-fyw â'r elfennau y daethant
  o slachtar y gad, fesul un,
ac ailymladd hen ryfel a wnaethant
  rhwng natur ddidostur a dyn.

Brad y Pedair Elfen

UNAWD:

Awyr a thir, a dŵr a thân,
y pedair elfen hyn
a'n noddai: fflamau'r hwyr yn hedd
cyfannedd; llechwedd, llyn;
y nentydd ar y meysydd mân,
a'r awel ar y bryn.

Bradychwyd cenedl lwyd gan law
hydref mewn pentref, pan
sleifiodd y mynydd slag i'r pant
gan fygu deucant dan
y llithrad tir o laid a baw:
bro fud oedd Aberfan.

Yn yr un modd bradychodd dŵr
y llecyn gwledig, llwm;
yr oedd hen ffriddoedd a pharhad
treftad dan ddyfroedd trwm,
ac yn y tonnau codwyd tŵr
er cof am bentre'r Cwm.

Tybiem, pe llosgem dai yn Llŷn
mewn protest rhag y trai,
y gallem ddeffro gwlad ddi-hid,
yr âi ein llid yn llai,
ond llosgi'r oeddem Gymru'i hun
wrth losgi'r tir a'r tai.

Torrodd yr haul trwy'r ddaear hon
o dref Chernobyl draw;
yr oedd marwolaeth yn y mêr,
a gloywder yn y glaw
lle porai'r preiddiau ar y fron,
a'r awyr bur fel baw.

Awyr a thir a dŵr a thân
    a brisiem cyn y brad,
ond yr elfennau hyn a fu'n
    peryglu ein parhad:
y dŵr ar led a'r awyr lân
    yn bygwth ein tref-tad.

CÔR: *Yn niwedd Rhagfyr parhau*
    i droi ar ei hechel mae'r rhod,
ac oes arall yn agosáu,
    wrth i gyfnod beidio â bod.

Y mae eiliad yn dirwyn y mil
    blynyddoedd i'w chrombil yn awr,
cyn ailddechrau hanes yr hil
    ar doriad hyderus y wawr.

Cân y Goroesi

UNAWD: Yma o hyd y mae hynt
    yr afon, a'r rhyd yn ei chroesi,
haul a glaw ac awel o wynt;
CÔR YN YMUNO: ond yma o hyd y mae hil,
    yr hil a fynnai oroesi
yn ddi-fwlch drwy flynyddoedd fil.

Yma o hyd y mae haf,
    a'r haf yn ei dro yn hydrefu,
a'r dail, heb eu glesni, yn glaf,
ond yma o hyd y mae hil,
    y rhai a fu yma'n cartrefu
yn ddi-fwlch ers blynyddoedd fil.

Yma'n eu fflam y mae'r sêr,
    ac ers mil o flynyddoedd mae'r lleuad
yn llosgi gan golli ei gwêr;
ond yma o hyd y mae hil,

y rhai a fu o'r dechreuad
yn ddi-fwlch drwy flynyddoedd fil.

Yma o hyd y mae trai,
a llanw, ac ewyn a graean,
a'r môr o liw marwor ym Mai;
ond yma o hyd y mae hil
er ei thorri hi hyd i'w thraean
yn ddi-fwlch ers blynyddoedd fil.

FFARWELIO
Â
CHANRIF

Delweddau
o'r Ugeinfed Ganrif

Ffarwelio â Chanrif

1.

Canrif Newydd Dda!

Mae hi wedi lled-ymadael,
mae hi'n llithro'n araf o'n gafael;
mae hi'n hen, yn hen ac yn wael.

Ar ei gwely o waed, yn rhy glaf
i hawlio'r sagrafen olaf,
mae hi'n llithro o'n gafael yn araf.

Mae'n rhy hwyr iddi chwydu'i phechodau
yn llysnafedd dros ei gwely angau,
rhy hwyr iddi edifarhau,

iddi erfyn am faddeuant wrth ddarfod
â'i hymadawedig yn dod,
y myrddiynau o'i meirw, i ddannod

iddi ei holl gamweddau,
ac o'i chylch y mae drychiolaethau,
ysbrydion fel sibrydion brau.

Mae curiadau'r clociau'n ein clyw
yn fyddardod, yn boendod, a'n byw
yn boendod ar bendil ein distryw.

Sŵn clociau fel pedolau yn dilyn
ei gilydd yn glep; mor sydyn,
mor chwim yw'r meirch hyn

ar garlam syfrdan amser,
a ninnau'n eu marchogaeth yn ofer,
ac yn ceisio'u gwisgo â gêr

addurnedig ein holl ddiwrnodau,
offer ein breuddwydion brau
a gêr ein hychydig oriau:

eu gwisgo ag offer rhag canfod
gwir ystyr yr hast, ac mai hanfod
amser yw byrder ein bod.

Mae'r meirch yn cyrchu pellteroedd
maes rasio amser, oesoedd
o rasio, rasio drwy'r oesoedd:

y ras hon o bresennol
yn croesi'r ffin i'r gorffennol
wrth ruthro draw i'r dyfodol.

Â'r clociau di-ots yn cyd-atsain
ei gilydd, uwch y ganrif gelain,
dathlu'n marwoldeb ein hunain

a wnawn pan ddaw hanner nos,
dathlu i ryw deithlyfr ein hannos
i rywle nad oes modd inni aros

ynddo am fwy na phrynhawnddydd
er dyheu am fod yno drwy'r dydd
bob dydd, a phob dydd yn dragywydd.

Ninnau, uwch ein digonedd,
a ddarparwn, a arlwywn wledd,
cyn ei gollwng, cyn ei hebrwng i'w hedd:

agorwn y poteli gwirod
a gollyngwn i wacter y gofod
lumanau o golomennod,

a gadáwn, yng nghanol ein dathliadau
diddan, i'r cwpan wacáu
ei waddod o ddelweddau,

ond mae gwaed yng ngwaelod y gwydrau,
a'r gwin, wrth gyffwrdd â'r genau,
wedi egru gan waed a dagrau . . .

. . . Yr ennyd hon mae hi'n tynnu
ei hanadl olaf, yn ewynnu
glafoer a gwaed wrth anadlu,

ac mae'r eiliad olaf hon,
eiliad ei rhyddhau o'i gofalon,
yn gyforiog o feirwon.

2.

Blodau

Ni allwn osod blodau
ar gelain y ganrif,
na thaenu briallu dros bridd
y bedd lle cleddir
ei harch lwythog o ddrychiolaethau.

Ni allwn addurno'r elor â blodau'r haul,
na'i hers noeth â rhosynnau haf
neu dusw gwyn o lilïau, am nad oes gennym
dusw o flodau i'w osod
ar ei harch na'i helor hi.

Aeth beddau galar y ganrif â gormod o flodau
eisoes, fel nad oes gennym dusw
ar ôl i'w roi
ar fedd y ganrif ei hun.

Unwaith 'roedd myrdd ohonynt:
y fiaren bêr mor niferus
luosog ag eirlysiau,
a chlychau'r gog mor doreithiog â blodau'r drain.

Pe gallem, dewisem dusw
o flodau'r pabi coch
i'w roi ar gaead yr arch,
ond torrwyd pob blodyn pabi i goffáu
meirwon y Rhyfel Mawr.

Pan aeth y pabi'n brin, rhoesom dorchau brau
o flodau na ad fi'n angof ar bob maen a chofeb,
a sypiau o rug ar y croesau pren.

'Roedd y blodau'n parhau i dyfu'n eu pryd,
a'r beddau'n amlhau o hyd,
ond lluosocach na'r blodau oedd y beddau drwy'r byd.

Diflannodd cynifer â'r sêr o Rosynnau Saron,
chwe miliwn a mwy ohonynt,
pan goffawyd y rhai a ddifawyd yn y lladdfeydd
yn München, Belsen, Auschwitz a Sobibor,
a phrinnach oedd lili'r dyffrynnoedd
ar ôl eu rhoi ar elor eu hil.

Ac wedyn y blodau gwaed,
y blodau nad oedd mo'u hangen:
y blodau brau ar feddau Aberfan,
a thorchau blodau Dunblane.

Gormod o flodau.
a gormod, gormod o feddau
mewn byd o laddfeydd.

Nid rhyfedd, felly,
na allem osod blodyn
ar fedd y ganrif ei hun.

3.

Cân y Goroeswyr

Ni yw'r rhai sydd wedi dod trwodd,
y rhai sydd wedi goroesi a chroesi'r ffin.

Llwyddasom i osgoi maes y gad:
ni roesom gyfle i gŷn
difater y naddwr cerrig
lythrennu ein cenhedlaeth ar wyneb
yr un gofadail.

Llwyddasom i osgoi
clec yr eiliad, y gwrthdrawiad ar heol
rhwng car a char:
metel yn ymateb i fetel, ffrwydrad o wydrau,
ysgrech yr echel, a'r olwynion yn troelli'n stond.

Llwyddasom i osgoi
y tyfiant cudd yn y coludd, lledaeniad y cancr,
y pydredd yn y gell, y gyllell
yn llaw'r meddygon lloerig â'r mygydau gwaed,
a'r plwc-atal ar rythmau'r galon.

Er hynny, ni chroeswyd y rhiniog
gan bawb ohonom.

Gadawsom, rai ohonom, ein rhieni
ym medd yr hen ganrif;
gadawsom rai a gydoesai
â ni yn ein heulwen ieuanc;
gadawodd eraill ohonom gyfeillion
yn naear fud y ganrif a aeth
i'w bedd yn ei henaint.

Bellach, fe'u cei,
y cyfoedion a'r cyfeillion coll,
a hwythau'n rhieni. Bellach, rhaid llosgi pob llun
ohonynt yn nhân yr hen ganrif,
y lluniau annwyl o'r cyfeillion hynny
a liniarai ein dyddiau blin,
y cyfeillion glân a fu gyda ni gynt
drwy oriau a dyddiau'r daith,
a'r lluniau ohonom ni a'n rhieni'n yr haul.
Mae'n rhaid i'r byw wrth y byw, ac wrth groesi'r bont,
mae'n rhaid i ni adael meirwon y ganrif ar ôl.

4.

Lleoedd

'Roedd 'na leoedd na wyddem un dim
am eu lleoliad cyn troad canrif y trais,
cyn i'r enwau hyn ddod yn rhan ohonom,
lleoedd nad oedd yr un dyn yn gwybod amdanynt
nac unrhyw fap o'r ganrif
yn eu henwi hwy.

Mae rhai lleoedd, erbyn hyn, y mae eu henwau
yn llechu yn ein hofnau dyfnaf:
mannau y mae eu henwi
yn fferru ein gwaed, fel yr uffern goch
a elwid yn Passchendaele
lle bu cynaeafu cnawd,
lle bu gwrteithio'r tir
gan dail a thom un genhedlaeth hurt.

Ni chlywsom am y Somme nes i waed
y bechgyn fwydo ei fwd:
yr uffern arall honno
lle gyrrwyd y miloedd fel gyrroedd gwirion
o wartheg i'w haberthu
yn un genhedlaeth gan gŵn a'u hudlef,
hyd nes y treiddiodd
y Somme a'i ebyrth i isymwybod
y ganrif.

Ac mae yna leoedd y mae
eu henwau'n llafar yn ein hunllefau,
enwau nad oes yr un angen
i neb eu crybwyll:
y lleoedd a fu yn feysydd lladdfeydd
a'u henwau yn anhunedd.

Ac yma yng Nghymru
yr oedd lleoedd diarffordd a llwm,
y mannau hynny na wyddem ni ein hunain,
hyd yn oed, eu henwau hwy,
mannau dinod heb ddim ond eu hanes
dinod eu hunain,
fel pentref Capel Celyn
â'i gapel uniaith, plaen
yn rhywle'n yr hen Feirionnydd:
y pentref bychan a swatiai'n ei gwpan o gwm
cyn llenwi'r cwpan hwnnw
â dŵr i dorri
syched dieithriaid,
a dim byd ond gwaddod Cymreictod y cwm ar ôl
yng ngwaelod y cwpan brau.

Mae 'na leoedd o hyd
na wyddom un dim amdanynt,
mannau a llecynnau cudd
lle nad oes un dim yn digwydd
ac eithrio geni, priodi a llithro i'r pridd,
gweithio a charu, a magu teulu'n gytûn,
ond, rywbryd yn ystod y ganrif newydd, fe droir
rhai lleoedd gan weithredoedd a thrais
dynion yn arswyd inni,
a bydd yr enwau newydd
yn dileu hanes Passchendaele ohonom,
yn disodli Nagasaki a'r Somme,
yn pylu'r cof am y capel a'r cwm.

5.

Awst 1914

Â'u hetiau yn cyfarch yr haf,
safant yn yr haul yn un rhes,
a brwd, a haul Awst mor braf,
yw'r rhain sy'n ymrestru'n ei wres,
ond parod yw peiriant dileu
diniweidrwydd pob llanc deunaw oed:
bu rhyfel pob Awst braf yn dyheu
am frwdfrydedd yr ifainc erioed.

Ni allant ragweld fel y bydd
i'w henwau finiocáu llafn y cŷn,
na rhagweld yn ieuenctid eu dydd,
yn eu miri a'u hafiaith, mai'r un
yw'r min ar y meini â'r llafn
a wthir drwy'r galon boeth,
pan yf llafnau'r bidogau bob dafn
o'u gwaed â'u tafodau noeth.

Ni allant ragweld cochni'r gwaed
yn lledu drwy'r llaid ar y llawr,
na'u glendid yn drewi dan draed,
na'u cyfoedion yn fwyd llygod mawr.
Ni allant ragweld fel y troir
nos a dydd eu rhieni'n un staen
o waed, nac ychwaith fel y rhoir
gwefusau neu fysedd ar faen.

Ni allant ragweld, gan mor frwd
yn haul Awst yr enlistiant hwy,
fel y medir eu cenhedlaeth fel cnwd
gan y fidog, a'u gwenwyno gan nwy:
yn eu dilyn y mae Passchendaele,
yn eu haros hwy y mae'r Somme,
lle gwrteithir y tir gan eu tail,
lle taenir cenhedlaeth fel tom.

6.

Gassed: John Singer Sarjent

Y dirwyn hir o Dir Neb,
y llinyn o ddallineb.

Un rhes betrusgar a hir
o filwyr ar gyfeiliorn:
rheng hir o filwyr yng nghors
eu hanobaith yn ymddirwyn heibio,
un rhes hir a swrth
o filwyr yn ymbalfalu
eu ffordd yn osgordd ymlusgar.

Y naill yn nhywyllwch
ei nos yn haul y prynhawn
yn arwain y llall ar gyfeiliorn llwyr,
y naill un yn arwain y llall,
a hwnnw'n arwain y lleill, y deillion,
deillion yn tywys y deillion yn nos eu dydd,
yn haul dall canol y dydd.

Er na ŵyr i ble, y mae'r un ar y blaen
yn arwain yr un ar ei ôl,
a'r rhain yn arwain eraill;
baglu, straffaglu eu ffordd,
a llaw'r naill un
ar ysgwydd betrusgar
y llall, ac, yn ddall, y mae'r ddau
yn arwain y lleill ar gyfeiliorn llwyr.

Dynion yn breuddwydio'n ddall
am weld llygaid eu hanwylaid o'u nos,
am weld hen wynebau mwyn
cyn i foroedd o waed ddileu'r holl freuddwydion:

dynion yn breuddwydio'n ddall
am yr hen dirluniau, y cyfeiriau cyfarwydd,
breuddwydio am helaethrwydd cnydau'r hen gaeau gynt,
a thonnau'r haidd yn chwerthin yn yr haul,
rhag ofn i'r gwaed
foddi'r holl olygfeydd.

Drwy gydol y ganrif
bu'r rhain yn ein harwain ni
drwy fyd o drofâu;
yn ein tywys ni yn finteioedd
at wareiddiad heb ystyr iddo,
na ffydd na chrefydd na chred:
ein harwain i gyfeiriad
canrif ddall arall, a'r llun
yn llun o'n dallineb.

7.

In Memoriam: 1914-1918

Edward Thomas
Mynwent Filwrol Agny, Ffrainc

m. Ebrill 9, 1917

Yn hir ni allwn aros; yn hytrach
Na loetran ddechreunos,
'Roedd pob ffordd wag ac agos
I Ffrainc yn arwain cyn nos.

Hedd Wyn
Mynwent Coed y Magnelau, Boesinghe, Gwlad Belg

m. Gorffennaf 31, 1917

Paham mai lleuad dramor yw'r lleuad
Er ei llewyrch porffor?
Pa reswm fod Cwm Prysor
Draw ymhell dros dir a môr?

Francis Ledwidge
Mynwent Coed y Magnelau, Boesinghe, Gwlad Belg

m. Gorffennaf 31, 1917

Y mae aberth ei meibion yn fyw iawn
Yng nghof hir Iwerddon,
Ond ar y maes â'r Saeson
Y bu'r aberth ddiwerth hon.

Isaac Rosenberg
Mynwent Orllewinol Ffordd Bailleul,
St. Laurent-Blangy, Ffrainc

m. Ebrill 1, 1918

Ni roed, rhag creu ystrydeb o ddolur,
Yn ddelwedd ar gofeb
Olwyn yn malu wyneb
Â'i haearn hi yn Nhir Neb.

David Ellis
Di-fedd

Diflannodd yn Salonica, ym Mehefin 1918

Er trin yr holl archollion, fy archoll
Gan ferch oedd fwy creulon:
Ni wellheid yr archoll hon
Gan na meddyg na moddion.

Wilfred Owen
Mynwent Gymunedol Pentref Ors, Ffrainc

m. Tachwedd 4, 1918

Y dur glân drwy galonnau ein gilydd,
Y gelyn a minnau,
A wthiem, ond heb greithiau
Na dig y cysgwn ein dau.

8.

Meirwon y Rhyfel Mawr yn cyfarch eu mamwlad a'u mamau

1. *Y Famwlad*

Er i reng ar reng drengi er ei mwyn,
Er i'r meini'n henwi,
Y mae'n warth na wyddom ni
Ystyr ein haberth drosti.

2. *Y Mamau*

Wrth i'ch hiraeth eich chwerwi, ac i lid
Galedu'ch tosturi,
Oerach oeddech na'r llechi
A enwai'ch holl feibion chi.

Trychineb torri'ch enwau ar garreg
A oerodd galonnau
Eirias-wenfflam eich mamau
Nos a dydd, a ni'n tristáu.

Rhoi'n famau'ch enwau i chi a wnaethom
Un waith, ond 'roedd oerni
Maen a chŷn mwy'n eich enwi,
A'r un maen oer ynom ni.

A'ch enwau trist â chynion a dorrwyd,
Â hiraeth mor greulon,
Ar golofn oer y galon,
A'u cau yn y garreg hon.

9.

Ar Gofeb y Rhyfel Mawr

Er rhoi'n llw, marw'n lluoedd i'ch gwarchod,
    Er syrthio dros werthoedd,
  Er mai aberth anferth oedd
  Aberth waed heb werth ydoedd.

Torri â chŷn ein trychineb a wnaethoch,
    Ond er llwytho'r gofeb
  Â'r enwau ar ei hwyneb,
  Nid yw hi yn enwi neb.

Ni all carreg fynegi ein gwewyr,
    Na'n gwae a'n trueni'n
  Y gad, er ichi godi
  Colofn oer â'n clwyfau ni.

10.

Chaplin ac Eraill

'Doedd arwriaeth ddim yn bosib mwyach
ar ôl y Somme ac Arras a Passchendaele:
meddyliwch am yr holl rai ifainc a aeth i ryfel
i brofi eu gwrhydri a'u grym,
i brofi eu dynoldeb a'u rhyfyg.
Ymunodd y rhain yn wirfoddol â'r Fyddin er mwyn
cael cyfle i ddangos eu dewrder i'w gwlad a'u cariadon:
y gwŷr ifainc, talgryfion
a heidiai yn llawn hyder
i faes y gad.

Ni chafodd y rhan fwyaf ohonynt
gyfle, cyn rhoi ar goflech
eu henwau, i'w profi eu hunain
ar faes y gad:
pan ddringent dros glawdd y ffos
byddai'r gynnau-peiriant yn poeri bwledi atynt,
cawod o fwledi'n cywain
y bechgyn hyn, fel pladur yn torri drwy gnwd,
y gwanafau o fechgyn ifainc;
byddai dau yn lladd dwsinau ym mwd y Somme,
un gwn yn lladd ugeiniau.

'Doedd hi ddim yn oes i arwyr.
Profodd holl remp y Rhyfel
mai dinod oedd dyn,
a daeth oes yr arwr anarwrol,
oes y dyn dinod.

Chaplin oedd y cynta',
Chaplin, y dyn bach doniol
a glowniodd ei ffordd at galonnau
pobol, gan wneud i bawb chwerthin

yn ystod y blynyddoedd trist
a ddilynodd y Rhyfel Mawr.

Chaplin, y dyn bach doniol,
Chaplin, y trempyn bach trist.

'Roedd Chaplin yn portreadu dyn bach trist,
dyn bach dinod,
gyda ffon a het a mwstásh fel Hitler
(cyn i Hitler ddod yn enwog, wrth gwrs).
'Roedd Chaplin yn herio rhai mwy nag ef ei hun,
y bwli boliog, y dyn mewn awdurdod;
ac 'roedd o'n ennill y merched i gyd
er ei fod o'n baglu dros ei begla' o hyd,
'roedd o weithiau'n lleddf, 'roedd o weithiau'n llon,
a chwerylai â phawb a chwyrlïai ei ffon,
ac 'roedd y dyn bach â'i gerddediad pengwin,
a'r modd y mynnai groesi pobol mewn grym
yn ennill ein calonnau.

Chaplin, y dyn bach doniol,
Chaplin, y trempyn bach trist.

A daeth eraill ar ei ôl,
arwyr anarwrol,
ar ôl Chaplin, y dyn bach doniol.

Cymerwch Heinrich Himmler, er enghraifft,
Heinrich, un o arwyr y ganrif;
dyn bach dinod oedd Heinrich,
dyn byr, dyn bach,
llygoden o ddyn, yn llygadu pawb fel llygoden,
o'r tu ôl i sbectol fach gron.

Clerc bach dinod oedd Himmler,
ond llyfodd ei ffordd at ffafr,
a daeth yn bennaeth ar bawb,

ar bawb ac eithrio Hitler ei hun,
Himmler, y dyn bach dideimlad,
a ddiheintiodd, a lanhaodd ei wlad
o fudreddi'r Iddew.

'Roedd popeth yn ddu a gwyn
I Himmler, y dyn anghymhleth:
'roedd o yn casáu'r Iddewon
am eu bod yn ddrwg i gyd,
ond 'roedd ei hiliogaeth ei hun
yn bur ac yn berffaith.

Himmler, y dyn bach anghymhleth,
Himmler, ffrind Hitler a Hess.

A 'doedd dim tosturi gan Himmler:
gallai edrych ar ei Gestapo
yn pastynu dyn yn stond
heb falio ffeuen,
ac oherwydd bod Himmler, y dyn bach byr,
yn llawer rhy fyr, 'roedd yn rhaid iddo sefyll ar feirwon,
cerdded ar garped o gyrff,
i estyn ei daldra.

A daeth eraill, eraill ar ôl
Chaplin, y dyn bach doniol,
a Himmler, y dyn bach anghymhleth,
Himmler, ffrind Hitler a Hess.

11.

All Quiet on the Western Front: 1930

Llaw, llaw yn y llun:
mae rhywun yn ymestyn
ei law i'w rhoi ar löyn.

Milwr na wêl mo'i elyn
yn distaw, distaw estyn
ei law i gyffwrdd â glöyn.

Rhywun yn ymestyn am ystyr,
rhywun, o ddyfnder ei wewyr,
yn estyn ei law drwy'r awyr.

Ymgyrraedd y mae'r llaw am gariad,
ymgyrraedd, uwch gwaedd y gad,
am dlysni yng nghanol dileu, gan ddyheu am
ryddhad.

Llaw yn dyheu yn dawel
am gael esgyn, esgyn mor ysgafn
â'r iâr fach yr haf uwch y rhyfel.

Llaw â baw dan bob ewin
yn awchu am y dilychwin,
uwch bryntni a budreddi'r drin.

Yng nghanol marwolaeth mae rhywun
yn dyheu am fywyd ei hun,
yn dyheu am lendid y glöyn,
yn dyheu am y glöyn byw uwch distryw dyn.

Yn y llun y mae llaw
yn dyheu am gael esgyn uwch angau a chlwyfau,
uwchlaw
erchyllter y byd, uwch hagrwch y llaid a'r baw.

Ond yn y dirgel mae gelyn
yn gwylio, yn gwylio; un gelyn
yn gwylio'i law yn ymestyn am y glöyn
cyn tanio'i fwled, ac wedyn,
llonydd, mor llonydd, yw'r llaw,
y llaw yn y llun.

12.

Marwolaeth Lorca: 1936

Daethant, ac aethant ag ef
cyn i'r haul godi
at y llwyn olewydd,
ac yn ymyl y Fuente Grande, lle'r oedd dŵr yn gryndod,
y dŵr yn byrlymu dod,
yn ymyl Ffynnon y Dagrau, y dagrau dŵr,
y lladdwyd Lorca.

Ei ddileu ar noson ddileuad,
lladd Lorca ar noson ddiloergan,
ei ladd dan yr olewydden
ar noson ddileuad.

Lladd Lorca ar noson ddiloergan,
yr un a ganai ei gân
i gyfeiliant tant y gitâr,
tannau gitarau'r *gitanos*,
a chyfeiliant y nant yn y nos;
yr un a ganai ei gân,
dan belydrau'r lleuadau llydan,
ond 'roedd lleuad lawn Granada
ar y noson y lladdwyd Lorca
yn *luna negra*'n y nos,
yn lleuad amddifad, ddu.

y lleuad, alarch crwn yr afon,
y lleuad, llygad y llan;
lleuad y gwaed fel cyllell wedi ei gadael
yn yr awyr gan rywun,
y lleuad a barai i'r march lewyrchu
yn dwymyn diemwnt.

Na, na, ni laddwyd Lorca dan leuad loyw,
dim ond ei saethu
yn nhwll ei ben-ôl,
i wawdio ei wrywgydiaeth:
lladd Lorca ar noson ddiloergan,
dileu ag un ergyd lân
yr un yr oedd haul a sêr a llawer lleuad
yn dawnsio'n gyffro'n ei gân.

13.

Baled John Cornford: 1936

Ymunaist o blaid y Comiwnydd
   a rhuthraist i'r ymladd o flaen
pob un o'th gyfoedion, John Cornford,
   gan fynnu tresbasu yn Sbaen.

Pa obaith oedd gennyt, John Cornford,
   â'th fyddin werinol, ddi-raen,
yn erbyn holl rym militaraidd
   Yr Eidal, Yr Almaen, a Sbaen?

Yn dy flanced flêr a'th gôt milwr,
   ni olchaist ti ymaith un staen
oddi ar esgid na llaw yr un ffasgydd
   a fu'n amlhau'r beddau yn Sbaen.

A beth a enillaist, John Cornford?
   Nid oedd dy enw ar daen
ar faner yr un fuddugoliaeth,
   dim ond baner dy amdo yn Sbaen.

Er hyn, y mae'n rhaid wrth ddelfrydau,
   a mynd weithiau'n groes i bob graen,
ond pam na ddychwelaist, John Cornford,
   fel Auden a Spender, o Sbaen?

Fe'th ddaliwyd yn rhwyd dy ddelfrydau,
   ac aethost, fel eraill o'th flaen,
yr afradwyd delfrydau'u hieuenctid,
   yn llwyr ar ddisberod yn Sbaen.

A beth a enillaist, John Cornford,
   os bedd yn rhywle yn Sbaen
a gefaist yn dâl am dy aberth,
   heb arno'r un mynor na maen?

A beth a enillaist, John Cornford,
   am ruthro'n arwrol o flaen
dy gyfoeswyr i faes y cigydda?
   – dim ond anhysbysrwydd yn Sbaen.

14.

Kristallnacht: 1938

Mae gan rai ieithoedd ymadroddion mor hardd,
fel y tri ymadrodd Almaeneg
Stille nacht, heilige nacht,
a *Kristallnacht.*

Tawel nos yw *stille nacht,*
noson lân, noson lonydd,
hyfrydwch a llonyddwch y nos.
Heilige nacht yw plentyn dihalog y Nef,
y Crist yn y preseb pren,
tangnefedd a hedd lond yr hwyr,
y bugeiliaid yn gwylio eu praidd liw nos,
ac angylion a dynion a Duw
yn un ar y ddaear.
Heilige nacht yw holl Nadoligau ein hechdoe,
noson o dawelwch a holl naws y Nadolig
yn llenwi tawelwch y tŷ,
a phlant bach yn canu carolau ar nosweithiau o sêr,
a'u llusernau'n goleuo'u hwynebau yn nhangnef y nos.

Mae *Kristallnacht* yn consurio noson iasoer,
sŵn grisial yn tincial drwy'r tŷ
ar noson oer, neu sŵn eira
yn disgyn yn gawod ysgafn
ar frigau'r coed;
sŵn rhewi ffenestri'n y nos,
a sŵn clindarddach y sêr.

Ond ystyr *Kristallnacht* yw slachtar,
malurio, chwilfriwio, cicio a llarpio a lladd,
sŵn stampio, sŵn trampio'r traed,
a thrais y noswaith o risial;

sodlau yn waed yw *Kristallnacht*,
a thraed ar y noson yn cicio'r Iddewon yn ddu;
arswyd, liw nos, yw *Kristallnacht*,
sŵn torri ffenestri'n y nos,
sŵn grisial malu a chwalu ffenestri'r siopau,
a llosgi'r synagogau i gyd.

15.

Disgrifiadau

Mae llwgfa
yn disgrifio bara
yn well na dim byd.

Mae wybren
desog ar fore o haf yn disgrifio rhew.

Mae mudandod y nos yn disgrifio sgrech.

Mae cysgod
ar fur yn disgrifio haul.

Mae pentyrrau o lywethau'n ail-weu
sidan trwsiadus;
mae miliynau o gareiau'n ail-greu
rhedeg direidus;
mae miliynau o flychau'n cyfleu
aelwyd gysurus;
mae delweddau nad oes modd eu dileu
o'r cof gwallgofus.

Mae pethau, rhai pethau,
pethau fel y llwyth llywethau,
pethau fel y blychau yn llawn o hen ddillad blêr
a phethau fel y pentwr esgidiau,
yn ein gadael
yn rhy fud i'w disgrifio hwy.

16.

Galar y Plant Amddifad

Chi, blant amddifad,
pwy a aeth â'ch tadau a'ch mamau ymaith,
pwy a'ch amddifadodd ohonynt,
blant amddifad?

Un gyda'r hwyr, safai dynion ar riniog y drws
gan guro, curo a churo drachefn,
pan oeddem yn glyd yn ein gwlâu.
Clywsom sŵn traed yn rhuthro
fel taranau dros y grisiau, a sgrech
yn llenwi'r nos.
Diffoddwyd y canhwyllau gan glep y drws
a'n gadael heb un llygedyn
o oleuni yn oerni ein nos,
yn nhywyllwch ein hystafelloedd.

Ble maen nhw, blant amddifad,
ble mae eich rhieni?

Maen nhw'n chwarae cuddio yn rhywle,
maen nhw'n chwarae mig yn y goedwig, yn ymguddio'n y gwyll,
yn y wig maen nhw'n cuddio rhagom,
yn cuddio rhagom, rhagom yn llawer rhy hir,
rhagom yng nghanol y brigau a'r canghennau ynghudd,
a ninnau yn chwilio amdanynt;
maen nhw wrthi yn chwarae mig, yn y goedwig ar goll,
a ninnau ar ein pennau ein hunain
yn methu dod o hyd i dadau,
na mamau, a hwythau ymhell.

Beth a wnaethoch,
blant amddifad,
pan ddygwyd eich rhieni ymaith

yn ystod y nos?
Beth a wnaethoch chi?

Buom yn chwilio amdanynt
yn y goedwig drwy gydol
y nos, ond ni welsom neb.
Buom yn chwilio amdanynt
drwy gydol ein plentyndod coll,
chwilio a chwilio amdanynt
ar lwybrau dagrau bob dydd.

Beth a wnaethoch
ar ôl ichi sylweddoli
eu bod ar ddisberod am byth?

Galaru eu colli,
galaru yn y goedwig loerig,
rhoi ein pennau'n ein dwylo ac wylo, wylo ein galar,
wylo amdanynt ac wylo amdanom ein hunain,
a chwaraesom â chroesau
yn lle teganau;
yn lle dynion toes bwytasom
fara gofidiau,
a'r unig flas ar felysion
oedd blas gwaed a dagrau.

Pwy oedd y rhain, y rhain a aeth â'ch rhieni
oddi arnoch, blant amddifad?

Ni wyddom pwy oeddynt,
y rhai hyn a aeth â'n rhieni
o'n gafael, gan ein gadael i gyd
yn blant amddifad,
llond canrif o blant amddifad.

17.

La Chute de L'Ange, Marc Chagall: 1923-1933-1947

Ac mae'r angel yn cwympo,
        yn cwympo:
                y mae'r angel coch
                        yn syrthio,
                                yn syrthio o ganol y sêr,
a mellten ei adenydd
yn tarfu ar hun y pentref, ar hwyr
o rew, ac mae rhywun yn disgwyl
i Dduw ei hun ganlyn yr angel i'w gwymp.

Ynghlwm wrth yr angel hwn
y mae cloc heb ei weindio, a'i bendil
mor llonydd â'r nos:
yma y mae amser yn peidio â bod,
yma mae diddymdra ar ddod,
yma y mae cwymp yr angel
yn dymchwel gwareiddiad dyn.

Ac yn y llun,
yn ffoi â'i sgrol rhag i'r ffasgwyr ei hawlio,
y mae hen ŵr, hen ŵr yn dianc i'r nos,
a rhwng yr hen ŵr a'r angel
y mae haul fel llygad melyn,
haul neu leuad fel llygad yng nghanol y llun:
yma y mae llygad Duw i'r distryw yn dyst,
yn dyst i gwymp ei fydysawd i gyd.

Proffwydodd, gwelodd Chagall
angau ei hiliogaeth ei hun yng Ngolgotha ei hanes;
proffwydodd, rhagwelodd gwymp
yr angel cyn i'w genedl drengi yn ffwrneisi'r nos.

Wrth i'r angel gwympo, yng nghysgod
un o'i adenydd, y mae llun o'r Fadonna,
ac mae Crist ei hun yn hongian gyferbyn â'i fam,
yn hongian yn ei angau,
a rhwng y maldodi a'r hongian
mae un gannwyll yn olau,
un llygedyn o olau rhwng yr angel lliw gwaed
a'r Crist ar y Groes,
yr un llygedyn o obaith yn artaith y nos.

Ac yn yr eiliad
broffwydol hon y mae bwa ar y ffidil las
ond nid oes yr un llaw yn canu alaw'n y nos,
am nad oedd mwyach neb
a allai ei chanu hi yn nhywyllwch y nos.

A'r nos gyfagos a fu,
a'r angel mor dawel â Duw.

18.

Nighthawks, Edward Hopper: 1942

Mae pedwar wedi aros
yn nhawelwch a llonyddwch y nos.

Yn y llun sydd yn un â'r nos
y mae pedwar na wyddom pwy ydynt
wedi aros ar ôl i sipian y coffi olaf
cyn mentro i'r nos:
yma y mae'r rhain ar eu hynys
ar nos yr ymaros, a'r môr
o nos yn eu cwmpasu;
yma y mae'r pedwar, y pedwar diwyneb hyn,
ar wahân ar eu hynys
unig, ar ynysig y nos.

Y rhain, efallai, yw'r unig rai sydd ar ôl
yn y byd, yn gwmni o bedwar:
y rhain, yn bedwar unig,
yn unig sydd wedi goroesi: gŵr a gwraig
(neu ai dau'n cyflawni godineb?),
y gweithiwr y tu ôl i'r bar, yn dyheu am y bore,
a'r un sydd â'i gefn tuag atom,
yr un y cuddir ei wyneb
rhag ofn i ni ein hadnabod
ein hunain yn ei wyneb.

Maen nhw'n methu wynebu'r nos,
y pedwar hyn;
maen nhw yma
yn ymdroi'n eu diddymdra eu hunain
yn oes yr ynysu;
maen nhw'n oedi, yn oedi fan hyn

yn nistawrwydd ac unigrwydd y nos,
rhag ofn iddynt orfod dod, ar ôl iddynt adael,
wyneb yn wyneb â'u hunigrwydd hwy eu hunain;
maen nhw'n oedi, yn oedi fan hyn
yn bedwar y mae eu bywydau
yn un â'r nos.

Mae'r pedwar wedi aros
fan hyn yn erbyn y nos.

19.

Ar Gofeb yr Ail Ryfel Byd

Y Meirwon yn Llefaru

Y maen hwn, er mai'n henwi ni y mae,
Hwn, mwyach, o'n colli,
Yw anhunedd rhieni:
Y maen hwn yw'n mamau ni.

20.

Nos Da, James Dean: 1955

'Doedd hi ddim yn hawdd
i ni gadw ffydd yn natur dragywydd y Drefn,
na chredu mewn Duw na Chreawdwr,
ar ôl y dadlennu a fu ar yr elfen ddifaol
yn natur ddidostur dyn,
ac fe gladdwyd Duw ei hun
dan y pentwr esgymun o gyrff.

A hawdd oedd gofyn cwestiynau:
onid Duw a ganiataodd
y dileu ar ei genedl ei hun?
Pa fath o Dduw
a ganiataodd i'r egnïon tywyll
reoli ei fyd?
Hwn, Dduw yr Iddewon,
yn gwrthod gwaredigaeth i'w hiliogaeth ei hun,
y Duwdod a adawodd i'r dienwaededig
ladd ei bobol ei hun.

Bu farw Duw, ac yn sgîl ei farwolaeth Ef
bu farw'r syniad o fywyd ar ôl marwolaeth.
Nid oedd un nefoedd i ni
ar ôl i ni golli ein ffydd a'n crefydd a'n cred,
ar ôl marwolaeth Duw,
y Duw a adawodd
dyn ar ei ben ei hun yn unigrwydd y nos.

Gan na all dyn
ddygymod â'i farwoldeb ei hun,
gan na all dderbyn mai'r bedd yw diwedd y daith,
mae'n rhaid iddo greu'n ei farwoldeb
anfarwoldeb ar ei gyfer ei hun;

a phan ddiflannodd y nef, pan fu farw crefydd,
daeth technoleg, fel erioed, i'r adwy,
i greu anfarwoldeb yn wyneb meidroldeb y Drefn.

A daeth pobol yn fyw er eu bod
yn llwch. Ystyriwch James Dean:
actor disgleiria'i genhedlaeth
a'i ddyddiau'n flodau o'i flaen,
ond 'roedd elfen hunan-ddistrywgar
yn llechu'n ei ddoniau llachar,
a bu farw James Dean yn gynnar,
yn gynnar yn ei ugeiniau;
bu farw pan yrrodd ei gar
fel gwallgofddyn yn erbyn y nos;
â'i gar rasio fe groesodd y ffin
derfynol rhwng byw a marwolaeth.

Nos da, James Dean.

Ond ni laddwyd mohono,
ni laddwyd James Dean.
Mae o eto'n fyw, yn gryndod byw ar y sgrin,
yn ei atgyfodiad fideo;
a daeth James Dean
yn chwedloniaeth i'w genhedlaeth ei hun,
daeth yn ymgorfforiad o wrthryfel yr ifainc
yn erbyn y genhedlaeth hŷn.

Nid wyt wedi marw, James Dean.

A daethost yn arwr hefyd am iti drechu
un o ofnau dyfnaf dyn,
ein hofn o fynd yn hŷn
ar ddyfod y blynyddoedd blin:
ni fyddi di yn heneiddio byth, James Dean,

ni welwn mohonot ti'n dy fusgrellni ar sgrin,
yn hen, yn gloff ac yn hyll;
ni welwn mohonot ti
yn crebachu, yn crymu, yn crynu yn y dyddiau crin.

Nos da, James Dean,
nid ffarwél;
mae dy lais, dy ystum, dy lun
yn gryndod byw ar y sgrin,
ac o achos dy ffilmiau, trechaist y ffin
rhwng marwolaeth a bodolaeth dyn.

Nos da, James Dean.

21.

Dallas, Tachwedd 22, 1963

Dallas, ar brynhawn o haul,
ac Arlywydd yn codi ei law
i gyfarch y dyrfa o'i gar,
o'i gar agored.

Bwled yn diasbedain
drwy'r byd, drwy'r byd, diasbedain
drwy'r byd i gyd o un gwn,
a ninnau'n dystion, pob un ohonom,
i'r farwolaeth yn haul y prynhawn.

Hawliodd y fwled wedyn
y Kennedy arall, ei frawd,
ac yntau, Luther King, a ddringodd
i gopa'r mynydd am gip
ar Wlad yr Addewid rhag yr erlid ar dduon,
cyn i'r fwled falu'i freuddwydion yn deilchion
   un dydd.

A bellach nid oedd neb yn ddiogel,
neb oll yn y byd.
'Roedd pob un ohonom yn darged agored i'r gwn.

Mae gan rywun yn rhywle wn,
yn rhywle mae rhywun â dryll yn ei law,
rhywun a'i bwyll yn gareiau,
fel hwnnw a ddilynodd Lennon,
a'i daro nes gwagio ohono, â phum ergyd gwn,
nodau a geiriau a gwaed.

Jill Dando yn fferru'n stond
ar riniog ei chartre' ei hun,
a rhywun llwfr yn ei lladd,
ei lladd yn y fan a'r lle.

A bellach, bydd pob un ohonom
yn dargedau drwy gydol
y ganrif newydd,
a'r fwled, wrth drafaelio
o Dallas a'i haul, yn bwrw'i hadlais o hyd,
ac yn diasbedain drwy'r byd.

22.

Dyn ar y Lleuad: 1969

Gorchfygwyd y ffin derfynol
pan laniodd dyn ar y lleuad:
pan dreiddiodd drwy'r ehangder diderfyn,
drwy ehangder, diamser, du
o wagle, trowyd ffuglen
yn ffaith.

Dyn ar y lleuad,
yn canu, camu, llamu yng nghanol y llwch,
a'r camau cyntaf hynny
yn fyr i ddau ond yn enfawr i Ddyn;
dyn yn dawnsio, yn bownsio ar bêl
o leuad mor ysgafn â phluen,
a'u camerâu'n tynnu lluniau o'u hôl traed yn y llwch,
dyn ar y lleuad.

'Ond 'doedd yno ddim byd ond llwch,
a chreigiau, a llwch, a rhagor
o lwch – un anialwch noeth;
pelen oleuwen o lwch
yn disgleirio'n welw'n y nos;
pelen o lwch yn pylu
yng ngoleuni'r haul, ac yn gadael ein planed ni,
ar ddiflaniad yr haul,
yn blaned heb oleuni.

Bu'n siom, ond fe gawsom gip
ar bethau na welwyd gan ddyn erioed o'r blaen;
gwelsom y ddaear danom fel gardd ar daen,
gardd wyrddlas, asur o blaned ysblennydd;
ar ein rhawd drwy'r bydysawd, daethom wyneb yn wyneb â Duw,
ac er mai'r cyfan a wnaethom
oedd codi cwr y llen

ar degwch Ei greadigaeth,
ar ehangder helaeth creadigaeth Duw,
ni bu dyn erioed mor agos â hyn
at Dduw.

Ac wedyn anelu'n ôl,
yn ôl drwy'r niwloedd,
yn ôl at ryfeloedd,
yn ôl at ddynoliaeth,
yn ôl at farwolaeth,
ac wrth inni bellhau a phellhau oddi wrth y lleuad,
a nesáu at y ddaear,
yr oeddem hefyd yn pellhau oddi wrth Dduw ei hun;
ac ni wyddem, nes inni ddod
yn ôl o'r gofod, ein bod mor anhygoel o bell
o gyrraedd Duw,
            ar blaned unigrwydd dyn.'

23.

Phan Thi Kim Phuc: 1972

Mae hi'n rhedeg oddi ar y saithdegau
yn ei dagrau a'i hofn; mae hi'n rhedeg ar hyd
ein meddyliau, yn un fflam o ddolef;
mae hi'n rhedeg a rhedeg yn noethlymun groen,
yn rhedeg rhag y ffrwydradau,
rhag yr haul sydd yn ffrwydro ar groen.
Ynddi hi y mae'r haul
yn sgrechian tân; mae ei llygaid tawdd
yn wylofain eu lafa;
ynddi hi y mae'r haul yn llosgfynydd marwolaeth,
yn sgrechian tân yn ei chnawd hi,
ac mae'n rhedeg, yn rhedeg rhag poethder yr haul,
yn rhedeg rhag yr heidiau
o adar dur sy'n dodwy wyau o wewyr,
rhedeg a rhedeg yn noethlymun groen.

Yn y llun y mae eraill, eraill o'i chylch yn y llun,
milwyr a phlant o'i hamgylch,
ond hi sydd yn llenwi'r llun:
arni hi sydd yn dianc
rhag yr haul, rhag yr haul, yr hoelir
ein llygaid; ni welwn y lleill
dim ond brys-ruthro stond
yr un sydd yn rhedeg a rhedeg yn ei dagrau a'i hofn.

Erbyn hyn
mae Phan Thi Kim Phuc
yn wraig ac yn fam yn rhywle,
yn rhywle lle nad yw'r haul
yn ffrwydro'n deilchion y dydd;

y mae arswyd y diwrnod hwnnw
y tu ôl iddi, mwy, ond delweddwyd
ei hofn yng nghyfnod ei phlentyndod tân
yng nghof y ganrif am byth.

Oherwydd mae hi'n dal i redeg,
rhedeg a rhedeg yn noethlymun groen
yn ei dagrau a'i hofn, yn rhedeg ar hyd
ein meddyliau, yn un fflam o ddolef.
Mae hi'n rhedeg ynom, drwom, rhag ffrwydrad yr haul,
yn ymwibio drwy ein hisymwybod;
mae hi'n rhedeg oddi ar y saithdegau,
yn rhedeg a rhedeg ymhle bynnag yr ydym,
yn rhedeg ar hyd y geiriau hyn.

24.

Dadorchuddio Cofeb Ryfel Fietnam: Washington 1982

Yn America mae popeth mor fawr,
mor syfrdanol, mor anferthol o fawr,
a mwy, yn wir, nag yn unman arall:
y mae dinasoedd mwyaf
y byd ganddi hi, a'r cerbydau
mwyaf i ruo ar hyd unrhyw heol erioed.
Gan America hefyd y ceir
yr adeiladau mwyaf pensyfrdan o uchel,
a phob adeilad yn dalach
na'r un o'i flaen;
ac mae rhai o'r rhain mor hir, mor benfeddw o uchel,
nes eu bod, wrth ymestyn i'r awyr,
yn cusanu'r sêr ac yn cosi wyneb y lleuad.
Cafodd America hefyd
y gofeb fwyaf a gafwyd
gan unrhyw wlad erioed
pan gododd wal o wenithfaen caled
ac enwau mwy na thrigain mil
o filwyr arni, ac mae hi'n diolch
i bob un ohonyn nhw –
y meirw hyn – am roi
cofeb sy'n cyfateb i faint
ei dinasoedd, ei cheir, a'i goruwch-adeiladau
yn rhodd i wareiddiad.

25.

Y Ddawns, Paula Rego: 1988

Yn rhywle, yn rhywle'n y cread,
ar ryw bwynt o amser, drwy baentiad
nad yw'n gaeth i reolaeth yr eiliad,

y mae wyth yn ymwáu'n un symudiad,
ac yn dawnsio, dawnsio'n eu stad
o lawenydd yng ngoleuni'r lleuad.

Yn deulu dan gysgod adeilad
y mae merch, mam a nain mewn uniad,
yn gylch gwâr dan gylch gwyn y lleuad,

a dau bâr â'u calonnau'n un curiad
law-yn-llaw yng ngoleuni y lleuad,
ac un arall heb gymar na chariad.

Er y pydredd yng nghraidd ein gwareiddiad
yr oedd rhai yn herio'i ddirywiad
â'u dawns lawen dan nos olau leuad,

yn dawnsio ar y tywod ansad,
gan lanhau â thonnau'u chwerthiniad
o'i dristwch a'i drais yr holl gread,

a'r ddawns ar y traeth yn rhyddhad
rhag y crio yng nghalon y cread,
rhag y galar sy'n tagu pob siarad,

a marwolaeth, a gorthrwm yr eiliad,
rhag y cloc sydd ar hast yn wastad,
a ninnau ar drugaredd ei guriad.

Y tu hwnt i'r sêr a'u hamseriad,
a phendil diffwndwr y lleuad,
o gyrraedd brys y cloc a'i guriad,

ac yn rhywle, yn y lle dan y lleuad,
yn rhywle y tu hwnt i'r eiliad
brydlon, y mae'r ddawns yn barhad.

26.

Hillsborough: 1989

Ar ôl y gêm disgwyliem gael
adroddiadau a phenawdau'n y wasg
a lluniau o'r goliau i gyd;
disgwyliem weld y sgiliau
a ddangosai rhai o'r chwaraewyr,
a'r rhannau gorau o'r gêm,
yn hwyrach ar y teledu y noson honno;
ac ar ôl y gêm disgwyliem
i gefnogwyr brwdfrydig fynegi
eu gorfoledd ym muddugoliaeth
y tîm a ddilynent, meddwi o lawenydd,
wrth ddathlu'r achlysur, crochleisio
hyd oriau mân y bore.
Y peth olaf y disgwyliem ei weld
oedd llun o rywun yn rhoi
blodau ar arch ar ôl gêm bêl-droed.

27.

Mur Berlin: 1989

O'n cwmpas codasom,
drwy gydol y ganrif,
furiau niferus.

Muriau o'n hamgylch ein hunain
a muriau am eraill.

Un mur i'n cadw i mewn,
mur arall i'n cadw allan;
muriau rhyngom ni a'n cymheiriaid,
ac waliau rhyngom ni a phob gelyn;
muriau balch rhyngom a'r byw,
a muriau rhyngom a'r meirwon.

Muriau i guddio camwri
rhag llygad y byd;
muriau a godwyd yn gadarn
i guddio pob digwyddiad
y tu ôl iddynt hwy.

Codwyd un mur
i gadw'r hil halogedig
ar wahân i'r hil ddihalog:
y mur y trowyd
ei gerrig oer yn ddagrau a gwaed,
yn wal o alar,
yn fur wylo'r farwolaeth.

Un mur yn gwahanu'r gwynion
rhag duon y De:
mur arall rhwng eglwys De arall
ac eglwys y Gogledd,
mur o waed digymrodedd.

Muriau o'n gïau a'n gwaed,
muriau o'n cnawd a'n hesgyrn;
pob mur yn garregfur o ragfarn,
pob mur yn fur didostur rhwng dyn a dyn.

Yna daeth, un dydd,
y mur i lawr ym Merlin,
i lawr yn falurion,
rhag ofn y codid rhagor
o furiau gan ganrif arall.

28.

Rhyfel y Culfor: 1990

Nid llun o deulu neu dorf
o bobol â'u cartrefi'n gyrbibion
yn wylo uwch yr adfeilion,
na llun esgymun o gorff
anhysbys yn haul crasboeth
y dydd yn pydru, a'r pryfed yn suo
yn y gwres, sydd wedi goroesi
yn ddelwedd o'r rhyfel hwn,
ond llun o aderyn unig
a'i blu mor bygddu â'i big
yn sefyll ar ddarn o graig,
yn llygredd y cefnfor, a llun
o'r olew yn troi'r ewyn
yn driagl du ar dreigl y don:
yr olew yn dew, a dyn,
wedi blino ar ymladd â dynion,
wedi blino ar bawb o'i elynion,
ac wrth chwilio am amgenach gelyn,
yn troi ar natur ei hun.

29.

Stephen Lawrence: 1993

Ar ôl pob rhybudd, pob braw,
ar ôl pob tystiolaeth, pob dalen
o dystiolaeth o hiliaeth, yn hylaw
mewn llyfrau, ar ffilm, mewn sawl dogfen;
ar ôl gwers y gwersyll yn Dachau
ac arswyd y gwersyll yn Belsen,
y mae ôl lladd ar bum llaw,
ôl lladd ar y pum llaw wen.

30.

Schindler's List: 1993

Nid celfyddyd yw hyn, y dychryn yng nghyfnos y dydd,
yr arswyd yn y llwydwyll;
nid difyrrwch mo'r egrwch a roir
yn ddelwedd ar y sgrin ddeuliw,
ar sgrech ddilafar o sgrin,
y tywyllwch yn y lled-dywyllwch dychrynllyd hwn.

Rhy agos, llawer rhy agos,
at yr asgwrn yw'r delweddau treisgar:
nid adloniant, yn y gwyll, yw dadlennu
y creulondeb a'r casineb sy' ynom,
y diawlineb sy'n bodoli ynom,
y tywyllwch hwnnw sy'n llechu ynom, bob un.

Ac yn sydyn mae hi'n ymddangos
fel fflam ar garlam drwy'r gwyll,
neu staen y wawr ar ffenest y nos.

I ble'r wyt ti'n rhedeg, hugan goch fach,
yr hugan goch fach o liw gwaed?
'Rhag dannedd y lleiddiaid, rhag gwaetgwn a bleiddiaid,
'rwy'n rhedeg mewn ofn nerth fy nhraed.'

I ble'r ei di rhagddynt, hugan goch fach,
i ble yr ei di rhag y blaidd?
'I rwla i guddio rhag cael fy llofruddio,
rhag i'r ofn rwygo'r galon o'r gwraidd.'

Nid bleiddiaid ond dynion, hugan goch fach,
a fu'n eich fflangellu ynghyd.
''Roedd gwaed ar eu safnau a'u dannedd fel llafnau,
a'u llygaid yn oer ac yn fud.'

I ble'r est ti wedyn, hugan goch fach,
i ble y diflennaist o'r llun?
'Daeth trenau i'n cludo, a'r bleiddgwn yn udo,
ac aethom i uffern ei hun.'

A beth a ddigwyddodd, hugan goch fach,
yn dy goch yn y llun du a gwyn?
'Â'n dillad yn garpiog, fe gawsom ein llarpio
gan fleiddiaid a gwaetgwn fel hyn.'

Ac fe'th welsom yng nghanol y domen
o gyrff yn dy hugan goch,
a'r hugan wedi ei rhwygo,
a'r ffilm ddu a gwyn yn gwaedu'n y gwyll,
yn gwaedu, gwaedu, i gyd.

31.

Tystiolaeth

Drwy gyfrwng technoleg, fe gadwyd
archif o'r ganrif i gyd,
archifau trylwyr a chyfan.

Crewyd a pherffeithiwyd y ffilm
i gadw ei hanes i gyd:
ei ail-greu drwy dechnoleg yr oes;

a bwydo'r cyfrifiadur wedyn
â phob tystiolaeth, a rhoi llond byd o wybodaeth
ar y we fyd-eang;

ac mae'n dda o beth ein bod wedi gwarchod y gwir
rhag ofn y bydd rhyw gyfnod,
rywbryd yn y dyfodol,

yn amau mai ffrwyth dychymyg
oedd y pethau a wnaethom yn ystod
y cyfnod dieflig hwn.

32.

Oedd, yr Oedd Amser i'r Ddawns

Ni ddylem fod yn rhy barod i'th daflu i'r bedd
er dy holl erchyllterau di:
ti a roddodd ein hanadl inni,
a rhoi inni, weithiau, rhwng gofidiau a dagrau'r daith,
lawenydd yn ein calonnau;
ti yw'r un a roddodd inni
ledrith yr eiliad, er ei threulio
yn ddim erbyn hyn,
a mwynderau'r munudau araf
sydd wedi hen ddarfod â bod, a darfod am byth;
ti yw'r un a roddodd, hefyd,
gyfaredd byw yng nghanol gwallgofrwydd y byd,
ac ni roddi di, fel y ganrif hon sydd ar fin dod,
ein henwau ar y maen,
na dyddiad ein diweddu
ar y garreg oer.

Paham y dylem
groesawu'r ganrif ifanc
a ddaw i'th olynu, gan ddathlu ennyd
ei geni, a ninnau'n gwybod
mai i ti y perthyn ein plentyndod a'n llencyndod coll?

Gennyt y cawsom
brofi'r boreau ifanc
pan oedd yr haf yn ddiddarfod,
a'r haul cellweirus yn chwarae
â huodledd gwallt y fanhadlen.
Gennyt y cawsom
agor y Nadoligau
fel parsel o dinsel, a'r dydd
yn rhubanau lliw ar obennydd,
a chawsom gennyt hefyd
firi'r pen-blwyddi yn blant.

Oedd, yr oedd amser,
yn dy fyd o ofidiau,
i fwynhau'r profiadau prin:
amser i eistedd, yn Awst,
yn deulu dan y dail,
a gwylio'r haul yn goleuo'r haf,
yn treulio'r dydd yn tryloywi'r dail,
ac i wylio'r gwair yn siglo'r gwynt
ar brynhawn o wanwyn.

Yr oedd amser i chwarae â'r sêr ac 'roedd amser i'r ddawns
ar y lawnt yng ngoleuni'r lantern,
amser i wylio gloywder y dail yn y glaw,
ac amser i ddal y lleuad ar gledr y llaw;
amser i wylio'r môr yn ysgwyd llwch mân
yr ewyn o'i garped glas cyn ei ledaenu
lawer tro dros lawr y traeth,
ac i wylio sglein y lleuad ar y dail ym Mai
fel llwydrew twyllodrus.

Dy eiddo di oedd dyddiau
gwyddfid ein hieuenctid ni,
ac ni roir i'r ganrif ifanc
ond cysgodion ohonom,
cyn i hon ein heneiddio ni,
ein heneiddio cyn naddu
ein henwau ar y maen,
a dyddiad ein diweddu
ar y garreg oer.

33.

Camerâu

'Roedd Orwell yn iawn
pan greodd ddarlun o oes
a reolid gan y camerâu.

Maen nhw gyda ni bellach ers tro, yn ein gwylio i gyd,
yn edrych yn llygadrwth
arnom o bob twll a chornel;
yn rhwydwaith ar y strydoedd,
maen nhw'n gwylio pob cam o'n heiddo yn nhywyllwch y nos,
pob ymddygiad, pob symudiad, pob smic.

Maen nhw wrthi'n goresgyn y ddaear,
yn amlhau'u had, yn ymledu
yn hiliogaeth o lygaid,
llond nos o lygaid, llygaid ymhob man a lle;
blagur o lygaid
ar flaen brigau o fân-wifrau noeth
yn tyfu i mewn i'r ymennydd,
a chenhedlir gan bob marchnadle
ragor a rhagor o'u hil.

Cyn hir, fe'u lleolir ymhob 'stafell wely
i gofnodi pob golygfa nwydus
o garu yng ngwres y gwely, gan na allwn osgoi
syllu agos y llygaid.

Ni all neb odinebu
fel hyn, ac ni chyflawnir
na thrais na throsedd;
maen nhw'n cadw llygad ar ladron,
maen nhw'n gwylio'r un sydd yn arwain y plentyn o'n plith,

a'r un â bom yn ei law;
maen nhw yno'n dystion bob dydd.

Mae'r camerâu yn croniclo, yn ein gwylio i gyd,
ac yn cadw golwg o hyd.

Ac fel hyn y bydd
i'r rhwydwaith camerâu greu paradwys
ac i'r tâp greu Iwtopia.

34.

Ar Drothwy'r Milflwyddiant: Kosovo, 1999

Maen nhw wrthi eto, yn gollwng bom ar ôl bom;
maen nhw wrthi eto'n dinistrio yn ystod y nos;
maen nhw'n lladd er mwyn atal lladd, â rhesymeg y lleiddiad,
ac yn cynnal cyrch ar gyrch er mwyn gwarchod gwareiddiad.
Maen nhw wrthi'n ein gwthio yn ôl i orffennol y ffos,
ideoleg Passchendaele a rhesymeg y Somme.

Nid yw'r drefn wedi newid erioed, ac yn ôl yr un drefn
bydd rhyw deyrn yn codi â breuddwyd am buro'i ach,
glanhau o'r gwehilion ei hil, ac ar orchymyn
rhyw deyrn sy'n delfrydu'i ach, dileu pob esgymun,
gan brofi nad yw gwareiddiad ond breuddwyd gwrach.
Yr un hen deyrn yn codi a chodi drachefn.

Calon gwareiddiad yw'r grym nad yw'n trugarhau;
y grym sydd o oes i oes yn goroesi gras:
llosgi llond 'sgubor o bobol, rhoi'r diniwed ar dân
yn enw rhyw achos aruchel, rhyw ddelfryd glân;
llenwi'r ffwrneisi â llinach, neu'r beddau bas.
Fel hyn y bu hi erioed. Y mae hyn i barhau.

Gwyddai ein hynafiaid am natur ddidostur dyn,
a chreasant eu delw ohono yn chwedlau eu hil,
Efnisien, yr amharchwr meirch, Cain y cynhennus,
y gorthrymwr a'r gorthrymedig, y teyrn a'r truenus,
a pha ots os cyflawnir gweithredoedd ysgeler yn sgîl
y glanhad angenrheidiol, y dileu ar wehilion di-lun?

Drwy Abel y daeth da erioed, drwy Gain y drygioni,
drwy Efnisien y gyfundrefn oesol o ladd a dileu.
Mae Efnisien yn teyrnasu ar Nisien, yn ei erlid o'r nos,
ac mae Cain yn ubain am Abel cyn ei daflu i'r ffos.
Bedyddiwn y ganrif newydd â gwaed cyn ei chreu:
eisoes, cyn y genir ei heinioes, y mae hi ar gynrhoni,

a ninnau'n darparu ar gyfer ein dathlu dall,
gloddest i gladdu'r hen ganrif â gwaredigaeth.
A wahoddir iddi'r miliynau ysgerbydau o'r bedd
cyfun a dorrwyd iddynt? Gwyddom mai gwaddod yw'r wledd,
ennyd o egwyl cyn dyfod yr ailenedigaeth,
cyn trosglwyddo'r trais o'r naill ganrif farbaraidd i'r llall.

Ymlusgwn i ryw Fethlem, liw hwyr, drwy'r mieri a'r drain,
heb seren i'n harwain o'n nos, ond nid oes yr un Nisien
nac Abel ym mryntni'r ysgubor, er y genir dau
i ryw wrach ddrychiolaethus, rhyw sarff yn ffieidd-dra'r ffau;
ac yno, cyn y ganrif nesaf, y genir Efnisien,
ac yno, yn efell iddo, y genir rhyw Gain.

35.

Maen Coffa yr Ugeinfed Ganrif

Wrth hacio, rhwygo creigiau'n faen iddi
    Fe ddefnyddiem ninnau
  Y cŷn a fu'n miniocáu
  Ei lafn ar gofgolofnau.

36.

Ffarwelio â'r Delweddau

Mae pob delwedd, a'r cloc, wrth bendilio,
yn eu chwalu, yn diflannu o'r co':
pa lun nad yw'n pylu heno?

Heno y mae'r ddelwedd a alwyd
i gof, pob atgof a gafwyd,
yn diflannu, pob llun a dafluniwyd

ar len y gorffennol. Mae'r darluniau
yn cilio wrth i'r Calan nesáu,
fesul un mae pob llun yn pellhau.

A pha un fydd y ddelwedd olaf,
pa lun o bob llun fydd y plaenaf
yn y cof cyn ei ollwng i'r gaeaf?

Ai llun o bum cyfaill unwaith
yn haf diddarfod eu hafiaith
er bod dau wedi darfod pob taith? . . .

Neu ai delwedd ohonom yn deulu
yn Awst, cyn i'r cestyll chwalu
ar y traeth, cyn i'r llanw eu llyncu? . . .

Nid oes ond un llun dewisol,
nid oes ond un ddelwedd barhaol:
y llun o rywun ar ôl
ym medd yr hen ganrif heno yn wylo'i ffarwél
cyn i ni groesi'r ffin yn derfynol.

37.

Dyn yr Ugeinfed Ganrif

Er dyheu am gyrraedd y lleuad,
a deisyf yr holl fydysawd,
er iddo siwrneio ei ffordd tua sêr y nef
a dringo yn uwch na'r angylion,
yn uwch na'i hil drwy gamp ei dechnoleg,
er dyheu am fod yn gyfystyr â Duw ei hun,
ni chododd dyn
uwchlaw ei faw ef ei hun,
ac ar yr un pryd
yr oedd dyn yn un â'r nef
ac yn is na'r anifail,
oherwydd yr oedd meirwon
Dachau yn wylo drwy gamp ei dechnoleg.

38.

Y Ganrif Newydd

Un nos Galan disgwyliem ei eni'n
  Faban glân, ac 'roeddem
 Yn llawn gobaith pan deithiem
 Liw hwyr tua'i Fethlehem.

Ond yr oedd hen nod y wrach arno ef,
   Yr un nod â'i linach,
 Ac nid glân mo'r baban bach
 Â gwaed yn baeddu'i gadach.

39.

Mawl y Rhai Da

Ac yng nghanol yr holl ffieidd-dra
yr oedd rhai a dystiai i'r da;
yn y ganrif o gasineb ac anras
yr oedd rhai a gredai mewn gras,
ac yng nglendid a chadernid y Deyrnas;
yn nrygioni'r byd yr oedd hefyd dda,
ym myd trais 'roedd 'na Fam Teresa.

Yng nghanol yr holl ddrygioni
yr oedd rhai yn lledaenu daioni;
yr oedd rhai yn hau trugaredd mewn tir o gerrig,
gan ffrwythloni'r diffeithdir â'u ffydd;
yr oedd rhai yn rhodio'n droednoeth drwy lymdra'r drain,
gan gerdded ar balmant o balmwydd.

Edrychasant yn llygad y bwystfil a gwelsant y nef,
a throesant bob bom yn golomen;
troesant y gynnau'n rhosynnau, a'r sarff yn oen;
gorchuddiasant bob bidog â'u blodau a phob helmed
    â'u palmwydd;
canfuasant enfysau cyn i'r haul ddisgleirio drwy'r glaw,
a cheinder y byd yng nghanol mochyndra a baw.

Mae eu henwau yn canu o'n mewn,
ynom mae eu henwau'n oleuni,
yn tywynnu yn ogoniant ynom.
Enwau hoff fel Bonhoeffer,
yr un a welodd nad oedd
y bawiach yn gryfach na gras,
na'r dwrn yn gryfach na'r Deyrnas;
enwau fel Anwar, Anwar ym myd anwar dynion,
yr Anwar rhy wâr i ganrif mor rhyfelgar â hon,
a'r un â'r enw mireiniaf, y Fam Teresa.

Gwelsant y glân a'r glanach yn hytrach na'r llwtra;
gwelsant y Gogoniant yn gudd dan yr holl gieidd-dra;
troesant y graig yn furum a'r garreg yn fara;
troesant y tir sych yn afonydd a'r anialwch yn fanna,
ac er gweld y gwaed yn goch ar y balf lle bu helfa,
a gweld y rhai gwallgof y erlid y rhai dof, i'w difa,
gwelsant nad oedd y drwg yn drech na'r da.

Hon oedd canrif y lladd a'r difa,
ond rhoes i ni'r Fam Teresa,
a Bonhoeffer ac Anwar Sadat ac eraill dyngarol,
mewn byd a oedd hefyd yn dda.

40.

Ramallah, Palesteina, Hydref 12, 2000

Edrychwch: ffenestr uchel,
a rhywun yn taflu dyn, ym Mhalesteina,
drwyddi hi i'r heol,
i'r stryd islaw;
ar ôl dyrnu ei gorff a'i wanu, ei daflu drwy'r ffenestr,
i'w guro, a stampio arno, ac i'w gicio fel pêl
yn y stryd dan y ffenestr hon.

Hyn yn y flwyddyn dwy fil,
hyn yn y ganrif newydd:
rhywun yn taflu dyn at gynddaredd y dorf,
ei daflu heddiw, yn ystod y flwyddyn
dwy fil yn y byd, i'w falu'n y baw,
a blwyddyn tangnefedd a heddwch
yn flwyddyn ein hen fwystfileiddiwch.

Dynion yn cyd-wanu dyn,
ac wedyn, fel pe bai yn hen gadach,
ei daflu gan y dwylo dieflig
i'r stryd islaw,
taflu dyn fel hen glwtyn i'r stryd i'w bwnio'n galetach
er ei fod eisoes yn gorff.

Llygad am lygad, a lladd am ladd,
dant am ddant, a dyn am ddyn,
dyna yw hi yn ein byd ni o hyd:
hyd yn oed heddiw y mae'r un hen reddf
anifeilaidd yn difa o hyd, yn y flwyddyn dwy fil.

A chawn wybod pa fath o ddyfodol
a fydd wedi'r flwyddyn dwy fil
os edrychwn ar y dorf yn y stryd,
os edrychwn drwy'r ffenestr uchel.

w891.661 Llw